# 지리산권 불교자료1
## _간기편

지리산권문화연구단 자료총서 07
국립순천대학교 지리산권문화연구원

# 지리산권 불교자료 1
## _간기편

곽승훈 김아네스 홍영기 편저

심미안

수보리야, 만일 어떤 선남자나 선여인이 아침에 恒河의 모래수같이 많은 몸으로 보시하고, 한낮에 또 항하의 모래수같이 많은 몸을 보시하고, 저녁에도 역시 항하의 모래수같이 많은 몸으로 보시하기를 한량없는 백천만억 劫 동안 몸으로 보시한다 해도 만일 또 어떤 사람이 이 경전을 듣고 믿는 마음으로 따르기만 하여도 그 복은 저 복보다 더 뛰어나느니라. 하물며 이 경을 쓰고 받아 지녀 읽고 외우고 다른 사람을 위하여 해설하여 줌이야(書寫受持讀誦 爲人解說) 말할 것이 있겠느냐.

수보리야, 요점을 들어서 말하자면, 이 경은 가히 생각할 수도 없고, 가히 헤아릴 수 없는 한없는 공덕이 있느니라. 여래는 大乘에 마음을 낸 사람들을 위하여 이 경을 說하며, 最上乘에 마음을 낸 사람들을 위하여 설하느니라.

만일 어떤 사람이 능히 받아 지녀 읽고 외우고 다른 사람을 위하여 널리 일러주면 여래께서는 이 사람을 다 알고, 이 사람을 다 보나니, 이 사람은 한량없고, 말할 수도 없고, 끝이 없고, 생각할 수도 없는 큰 공덕을 얻느니라. 이와 같은 사람들은 여래의 아뇩다라삼먁삼보리(阿耨多羅三藐三菩提)를 짊어짐이 되느니라.

위 내용은 『金剛般若波羅密多心經』(15, 持經功德分)에 있는 스스로 익히고 또한 다른 사람을 위하여 설법하는 공덕이 큼을 설한 것이다. 불교에서는 물질보다는 마음으로부터 비롯된 보시의 공덕을 강조한다. 이러한 부처님의 가르침을 전하는 데 필요한 것이 바로 경전이다. 경전을 書寫하는 것은 寫經이다. 이때에는 아직 인쇄가 시작되기 전이므로, 후대에는 목판을 통한 인쇄의 공덕으로 바뀌었다고 할 수 있다. 목판을 통한 대량보급의 이점은 이를 더욱 권장하게 될 뿐더러 부처님의 가르침을 널리 홍포할 수 있었으므로(廣爲人說) 그 공덕은 보다 큰 것이 아닐 수 없다.

이런 까닭에 불교계에서는 경전을 대중에게 보급하기 위해 혹은 講院의 교육을 위해 여러 불경과 論疏들을 간행 보급하여 왔다. 하지만 이를 조성하기 위해서는 경제적인 비용이 들게 되어 대중들로부터 널리 보시를 받아야 했다. 이를 권유하면서 사찰에서는 경전의 조성을 위해 보시한 喜捨者들의 이름을 列記하는 한편으로, 책을 간행하는 취지를 담은 序文과 跋文 등을 기록하여 두었다. 이를 刊記라 부른다. 본 자료집은 바로 그러한 간기들을 모아 정리한 것이다.

일찍부터 간기자료를 통한 연구가 개별적으로 진행되기도 하였지만, 실제로 존재하는 양에 비하면 그리 많지 않다고 할 수 있다. 우선 지금껏 간기가 자료집으로 한 번도 정리되지 못한 측면이 있다. 또 고려시대의 서적은 오늘날까지 남아 전하는 수가 적어 주목받기 어려웠던 것 같다. 조선시대의 것은 전하는 바가 많아 간행의 취지를 잘 밝힐 수 있는데, 불교에 대한 비중이 낮은 시기여서 역시 관심을 받기 어려웠던 것 같다.

이제 각 경전에 나타난 신앙인들의 정성스런 발원이 담긴 간기를 하나하나 모아놓고 보니 또다른 새로운 사실을 얻을 수 있는 중요한 자료집으로서 의미가 보인다.

첫째, 서문과 발문에 대한 고찰을 통하여 중국으로부터 판본이 유입되는 경로를 파악할 수 있고, 이로써 중국과의 불교교류 상황을 살필 수 있다. 어느 것은 중국으로부터 목판 자체를 들여온 것으로 파악된다.

둘째, 서문과 발문 내용의 검토를 통하여 경전에 담긴 사상적 경향이나 간행자들의 간행 의도를 파악할 수 있다. 더욱 유학자들이 쓴 발문은 儒佛交涉을 이해하는 데 많은 도움을 얻을 수 있다.

셋째, 간기에 수록된 여러 인물들에 대한 검토를 통하여 여러 면에서 의미를 찾을 수 있다.

발원에 참여한 인명들을 보면 양반층에서 가파치에 이르기까지 다양한 신분층이 확인되는데, 후자들은 시기가 내려올수록 두드러진다. 또한 발원자로서 이름만 올리는 경우가 대부분인데, 시기가 내려올수록 受戒를 받은 法名이 나타나며, 남자들도 더러 눈에 띄고 있음은 주목할 현상의 하나다. 祝願 대상을 보면 生者와 亡者를 親家와 媤家 등의 친척들까지 망라하고 있는데, 일정 규모의 가족구성과 교류관계를 생각해 볼 여지가 있다. 또 우리말 이름을 한자로 적는 과정에서 여러 가지 다양한 모습이 나타나는데, 이 또한 국어학 내지는 사회변화의 한 측면에서 생각해볼 여지가 있다.

사찰을 중심으로 하는 일정 지역의 주민들이 발원을 한 것인 만큼 지역사회의 모습을 유추해볼 수도 있겠다. 발원에 동참하여 돈을 내거나 소를 내거나 쌀을 내고 그 내역을 기록하여 두었는데, 이로써 한 권의 책을 내기 위한 조달비용과 더불어 당시 경제사를 살피는 데 하나의 참고자료로서 의미를 부여할 수 있겠다.

이처럼 간기를 토대로 우리가 살필 수 있는 것들을 우선 대략 생각해 보았다. 불교학, 서지학, 국어학은 물론 사회사, 지역사, 경제사, 사상사 등에 이르기까지 여러 분야에서 참고자료로써 활용할 수 있는 바탕이 되리라 여겨진다.

본 자료집은 지리산권에서 간행된 불교서적만으로 대상을 한정하였다. 따라서 이외의 자료들도 찾아 살피게 되면 보다 더 많은 의미를 찾을 수 있을 것이라 믿어 의심치 않는다. 이를 계기로 또다른 새로운 자료집이 간행되길 기대해본다. 그리고 자료집을 정리하면서 처음부터 서문과 발문을 함께 수록하고자 하였다. 하지만 양이 많아지고

준비한 지면을 넘기게 되어, 이는 후속편으로 넘기게 되었다. 처음 정리되는 관계로 부족한 점이 없지 않은데, 이 역시 후속편을 통하여 보완하고자 한다.

본 자료집은 간기자료로서는 처음으로 수집 정리된 것이고 그동안 주목하지 않아 왔던 것들이다. 편집자들이 이에 주목한 것은 공동편저자의 한 사람인 곽승훈의 제안에서 비롯하였다. 곽승훈은 한림대 대학원 재학시절 故 李基白 선생님으로부터 고려시대 간기자료집성에 대한 教示를 받았는데, 이를 바탕으로 본 지리산권 문화연구단의 이상사회 연구에 필요하다는 의견을 내었다. 이를 다른 두 편집자들이 흔쾌히 동의하여 함께 편집하게 되었다.

끝으로 본 자료집을 출판하는데, 고서의 열람과 사진촬영에 많은 도움을 준 국립중앙도서관, 동국대학교, 한양대학교, 고려대학교, 충남대학교 등 각 도서관의 고서적 담당자 여러분들과 한국고전문화연구원의 이상식 선생님에게 깊은 감사의 뜻을 전한다. 더불어 간기의 난해한 글자의 판독과 전산입력에 협조해준 경상대학교 지리산연구단의 박용국 강정화 선생님, 서강대학교 대학원의 이미영 동학, 한림대 대학원의 이윤정 박인호 권영규 동학, 순천대학교 대학원의 박민애 동학, 그리고 자료집 정리를 도운 순천대학교의 연구보조원 김경선 박현진 등에게도 감사의 뜻을 전한다.

더욱 귀중한 사진자료를 제공하여 준 華嚴寺에 깊이 감사드린다.

2009년 2월 10일

편저자를 대표하여 곽승훈

## 1. 지리산권

본 자료집은 지리산권에 있는 사찰과 지역 관청에서 간행된 불교서적에 실린 刊記들을 모은 것이다. 지리산권의 범주는 지리산을 지역의 영역으로 포함하고 있는 구례 남원 함양 산청 하동 등 다섯 개의 시·군으로 설정하였다. 여기에 외곽에 있는 곳으로 진주지역을 추가하였다. 이는 진주지역에서 간행되는 서적들의 거의가 '智異山'을 표기하여 지리산권역을 누누이 강조한 사실이 확인된 때문이다. 그리고 이들 시·군 지역의 범위가 과거와 다소 다름이 없지 않은데, 이는 오늘날 대한민국 행정구역을 기준으로 한다(2009년 1월 1일 기준).

## 2. 시기구분

본 자료집의 시기구분은 왕조별로 하였다. 조선왕조는 크게 세 시기로 구분하였다. 즉, 임진왜란의 종식(1598년)을 기준으로 전기와 후기로 나누었는데, 그것은 전란으로 소실된 경전들을 그 이후에 새로이 출판하는 경향이 나타나기 때문이다. 또한 1876년 개항 이후를 근대로 나누었는데, 서양 문물의 유입으로 인한 사회변화가 나타나기 때문이다.

## 3. 자료의 수집 대상과 정리

본 자료집에 수록한 불교 문헌 자료는 木版本·筆寫本·寫經을 대상으로 하였다. 그리고 인쇄를 하기 위해 조성된 木板도 포함시켰다. 인쇄된 목판본이 逸失되어 없어졌으나, 간기가 명확히 남아있는 목판을 포함시켰다. 더불어 비록 간기가 수록된 목판이 없더라도 오늘날 지리산권의 사찰에서 소장하고 있는 목판도 이에 포함하였다. 사찰에서

목판을 소유한 것은 서적을 간행하기 위함이었을 것이기 때문이다.

본 자료집에 수록된 간기 자료들은 여러 공공기관과 대학도서관에서 발행된 古書目錄에 실린 내용을 바탕으로 수집 조사하여 모은 것이다. 原文은 각 자료들을 직접 혹은 간접적으로 열람하여 필사 또는 촬영한 사진을 토대로 수록하였다. 일실된 것과 국보의 귀중본은 열람 자체가 어려워 원본을 접할 수 없는 관계로 문헌에 소개된 내용을 바탕으로 정리하였다. 일부 살피지 못한 경우도 있는데, 이는 후속편에서 보완할 예정이다.

### 4. 소재

본 자료집에 수록된 자료의 소장처를 밝혀 놓았다. 판본이 많이 남아 있어 소장처가 여러 곳인 경우에는 번거로움을 피하여 주요기관을 중심으로 밝혀놓았다. 여기서는 불교전적을 많이 소유하고 있고 또 인터넷을 통한 원문 사진 자료를 많이 제공하고 있는 동국대, 국립중앙도서관, 한국학중앙연구원(장서각), 규장각이 해당된다.

### 5. 서지사항

간기자료에 수록한 서지사항은 각 소장기관에서 인터넷 혹은 고서목록을 통하여 제공된 내용을 그대로 수록하였다. 하지만 동일한 판본임에도 불구하고 제공된 내용은 소장기관마다 차이가 있다. 이는 아무래도 인쇄가 수작업으로 이루어지고, 또 목판본의 지면을 재는 과정에서 오차가 발생한 때문이라 여겨진다. 그 내용을 옮기는 과정에서 잘못 수록된 것도 보인다. 그리고 경판의 原本이 일부 流失되었을 경우 새로 補刻하게 되는데, 이로 인해 이전 것과는 混入되어 있다. 이 같은 여러 사유로 인해 서지사항은 기관마다 다소 다르게 나타난다. 따라서 독자들은 서지사항을 재인용할 때에는 주

의를 요한다. 이 책에서는 여러 기관의 서지사항에서 상세한 내용을 기재한 기관의 것을 중심으로 해서 상호 보완하였다. 合綴은 둘 이상의 서적이 함께 묶여진 것으로 합철한 책을 함께 밝혀놓았다.

## 6. 간기

간기자료들은 刊記가 명확히 남아 있는 것을 수록하되, 없는 경우에는 序文이나 跋文에서 採錄하여 정리하였다. 합철의 경우 내용을 분리하여 수록하되, 刊記가 달리 남아 있지 않은 것은 간기가 기록된 서적에 포함시켰다.

간기자료들은 대체로 경전 전체의 마지막 부분에 실리거나, 경전 각 권의 끝부분에 실려있는 까닭에 쉽게 逸失되어 없어진 경우가 많다. 그 결과 동일한 판본임에도 불구하고 보존상태에 따라 施主秩이 없거나 간행자와 시기 등을 알 수 없는 경우가 많다. 따라서 독자들은 여기에 수록된 것을 바탕으로 다른 기관에서 소장한 것도 대조하여 추가로 살펴야 할 필요가 있다.

인명의 列記는 원본에 실린 縱書 형태를 유지한 橫書로 전환하여 실어놓았다. 따라서 독자들은 순서를 세로로 파악할 필요가 있다. 그렇지만 원본에 기재된 인명들이 불규칙하여 혼동을 줄 수 있는 것은 가로로 하고 본문에 밝혀두었다('가로순').

施主秩에 수록된 인명의 글자들은 대부분이 正字로 기록되었지만, 略字와 俗字 등으로 새겨져 있다. 여기서는 가능한 원 글자의 모습을 유지토록 하되, 혼동이 우려되는 글자는 정자로 바꾸어 수록하였다. 그리고 잦은 인쇄과정에서 글자의 획이 손상되어 이름을 정확히 알 수 없는 경우가 적지 않게 나타났다.

## 7. 부호 설명

(결락) – 내용이 찢겨나가 알 수 없는 경우.

□ – 판독이 어려운 경우.

## 8. 사진

본 자료집의 간행에 있어 증빙 자료인 사진을 함께 수록하지 못하였다. 이에 따라 이를 확인할 수 있는 문헌자료와 마이크로필름 소장처, 그리고 인터넷을 통하여 원문을 확보할 수 있는 공공기관을 소개하였다.

## 9. 참고

참고란은 각 자료에 대한 이해를 얻을 수 있는 논저들을 간략히 소개한 것이다.

## 10. 인터넷 검색

공공기관에 소장된 고서들은 대체로 한국역사정보통합시스템을 통하여 쉽게 그 소장기관과 서지사항을 살필 수 있다. 본 자료집의 준비과정에서도 많은 도움을 받았다. 하지만 일부 도서관의 사정으로 인하여 수록된 내용들이 미비한 경우가 있다. 이 때는 다시 재검색하여 정확한 정보를 얻을 필요가 있다. 처음 작성시에는 간행자와 시기 등을 未詳으로 해놓았지만, 해당 소장기관에서는 새롭게 정리하여 밝혀놓은 것이 많이 보이고 있기 때문이다. 앞으로도 새로이 정리되고 또 사진자료들이 지속적으로 확보되어 제공될 것이므로, 독자들은 수시로 살필 필요가 있다.

한국역사정보통합시스템 : koreanhistory.or.kr

동국대학교 한국불교문화종합시스템 : buddha.dongguk.edu

국립중앙도서관 : nl.go.kr

한국학중앙연구원 왕실도서관 장서각디지털아카이브 : yoksa.aks.ac.kr

규장각 : e-kyujanggak.snu.ac.kr

## 11. 참고도서목록

다음은 본 자료집의 수집과 정리에 참고한 고서목록들이다. 이외에도 여러 목록이 참고되었는데, 여기서는 지리산권 불교와 관련된 서적이 소장된 기관이나 개인의 경우로 한정하였다.


韓國資料保存會 編, 『韓國典籍綜合目錄9-澗松文庫』, 韓國資料保存會, 1967.

尹炳泰 編, 『韓國書誌年表』, 韓國圖書館協會, 1972.

文化財管理局 藏書閣 編, 『藏書閣圖書韓國版總目錄』, 探究堂, 1972.

金斗鍾, 『韓國古印刷技術史』, 探求堂, 1974.

국립중앙도서관 編, 『고서목록 3』, 1972.

국립중앙도서관 編, 『고서목록 4』, 1973.

韓國資料保存會 編, 『韓國典籍綜合目錄1-山氣文庫』, 韓國資料保存會, 1974.

韓國資料保存會 編, 『韓國典籍綜合目錄2-尙熊藏』, 韓國資料保存會, 1974.

韓國資料保存會 編, 『韓國典籍綜合目錄3-玩樹文庫』, 韓國資料保存會, 1974.

韓國資料保存會 編, 『韓國典籍綜合目錄4-誠庵文庫』, 韓國資料保存會, 1975.

韓國資料保存會 編, 『韓國典籍綜合目錄6-陶南文庫, 元堂文庫』, 韓國資料保存會, 1976.
韓國資料保存會 編, 『韓國典籍綜合目錄7-成均館大』, 韓國資料保存會, 1978.
千惠鳳·黃天午 共編, 『高麗典調查報告書』, 文化財管理局, 1980.
千惠鳳 編, 『羅麗印刷術의 研究』, 景仁文化社, 1980.
東國大學校中央圖書館 編, 『古書目錄』, 1981.
高麗大學校中央圖書館 編, 『漢籍目錄』, 1984.
文化財管理局 編, 『韓國典籍綜合調查目錄 -1輯 大邱直轄市·慶尙北道 篇-』, 1986.
朴相國 編, 『全國寺刹所藏木板集』, 文化財管理局, 1987.
李相殷 編, 『古書目錄 上·下』, 保景文化社 1987.
文化財管理局 編, 『韓國典籍綜合調查目錄 -2輯 忠淸南道 篇-』, 1988.
文化財管理局 編, 『韓國典籍綜合調查目錄 -3輯 江原道 篇-』, 1989.
全南大學校圖書館 編, 『古書目錄(I)』, 1990.
韓國精神文化研究院 編, 『藏書目錄 -古書篇 1-』, 1991.
文化財管理局 編, 『韓國典籍綜合調查目錄 -7輯 釜山直轄市 篇-』, 1993.
忠南大學校圖書館 編, 『古書目錄』, 1993.
국립중앙도서관 편, 『고서목록 6』, 1994.
圓光大學校圖書館 編, 『古書目錄』, 1994.
國會圖書館 編, 『古書目錄』, 1995.
慶尙大學校圖書館 編, 『漢籍目錄』, 慶尙大學校出版部, 1996.
嶺南大學校圖書館 編, 『古書目錄 -南齋文庫 第一輯-』, 2001.

제3편 조선 후기

## 제4편 근대 이후

## 제5편 기타

# 제1편 통일신라·고려시대

# 1. 大方廣佛華嚴經

**연대** 景德王 14년(755)

**소재** 호암미술관

**서지사항** 筆寫本, 卷子本, 세로 29㎝×가로 1390.6㎝

**간기** 天寶十三載甲午八月一日初 乙未載二月十四日 一部周了成內之 成內願旨者 皇龍寺緣起法師爲內賜 第一恩賜父願內

弥第二法界一切衆生皆成佛道

紙作人仇叱珎兮縣黃珎知奈麻經筆師武珎伊州阿千奈麻異純韓舍 今

毛大舍 義七大舍 孝赤沙弥南原京文莫沙弥卽曉大舍 高沙夫里郡陽純奈麻 仁年大舍 屎烏大舍 仁節大舍

經心匠大京 能吉奈麻与古奈麻 佛菩薩像筆師同京義本韓奈麻 丁得奈麻夫得舍知 豆烏舍知 經題筆師同京 同智大舍 六頭品 父吉得阿湌

**참고** 李基白 編, 「新羅 白紙墨字 大方廣佛華嚴經 寫經 跋文」, 『韓國上代古文書資料集成』, 一志社, 1987.

李基白, 「新羅 景德王代華嚴經 寫經 關與者에 대한 考察」, 『歷史學報』 83, 1976 ; 『韓國古代政治社會史研究』, 一潮閣, 1996.

黃壽永, 「新羅 景德王代의 白紙墨書 華嚴經」, 『歷史學報』 83, 1976.

## 2. 大方廣佛華嚴經 卷第三十三

연대　肅宗 3년(1098) (추정)

소재　불명

간기　智異山拯倫寺住持比丘暢春祝聖壽之願捨財開版晉譯花嚴經第一卷

참고　千惠鳳, 「麗刻本二題」, 『月刊文化財』 97, 1980.

千惠鳳, 「麗朝寺刹板」, 『羅麗印刷術의 研究』, 景仁文化社, 1980.

# 3. 佛頂心觀世音菩薩大陀羅尼經

**연대** 熙宗 원년(1205)~高宗 6년(1219)

**소재** 李元基 소장

**간기** 特爲晋康侯崔□□□□兼□□南
大內侍將軍瑪殿中內給事珦
尤難頓消福壽無疆之願

**참고** 千惠鳳, 「麗刻本二題」, 『月刊文化財』 97, 1980.

# 4. 禪門拈頌集

연대　高宗 13년(1226)

소재　장서각, 동국대, 단국대

서지사항　慧諶 編

木板本. 30卷10冊 : 四周單邊 半郭 17.5㎝×12.5㎝, 無界, 半葉12行21字 註雙行, 上下內向上黑魚尾 ; 26.0㎝×17.9㎝

판심제　拈頌

서　貞祐十四年丙戌仲冬海東曹溪山 修禪社無衣子序(1226)

간기　憑玆彫刊法寶流通功德奉祝 … 斷俗寺住持禪師萬宗記(卷 10末)

참고　김두종, 『韓國古印刷技術史』, 탐구당, 1980.

사진　국립도서관

김두종

* 이 간기자료는 조선시대의 판본에(中宗 23년 1528) 의거하여 고려시대 단속사에서 간행된 사실을 확인할 수 있음.

# 5. 大字『金剛經』

**소재** 장서각, 海印寺

**연대** 高宗 24년(1237)

**서지사항** 鳩摩羅什.

목판본. 1冊(31張). 上下單邊, 10行 11字 ; 36.4㎝×31㎝

**간기** 守大傅門下侍中上柱國上將軍判御史臺事晋陽侯崔瑀

特發弘願以大字

金剛般若經彫板流通所冀隣兵不起

國祚中興延及法界有情俱霑勝利

破諸有相共識眞空

時丁酉十二月　日謹誌

**참고** 池內宏, 「高麗朝의 大藏經」, 『東洋學報』 14-1, 1924 ; 『滿鮮史研究』 中世 第二册, 座石宝刊行會, 東京, 1937.

**사진** 장서각

# 6. 南明泉和尚頌證道歌

**소재** 국립도서관

**연대** 高宗 26년(1239)

**서지사항** 法泉 頌. 宏德 註.

木板本. 四周單邊 半郭 18.1㎝×12.2㎝, 無界, 8行15字, 間混黑口, 混入內向黑魚尾 ; 23.0㎝×15.1㎝

**서** 時熙寧十年丁巳七月括蒼吳庸天用(1077)

**후서** 熙寧九年七月括蒼祝 況(1076)

**간기** 夫南明證道歌者實禪門之樞要也故後學
參禪之流莫不由斯而入昇堂覩奧矣然則
其可閉塞而不傳通乎於是募工重彫鑄
字本以壽其傳焉時己亥九月上旬中書令
晋陽公崔 怡 謹誌

**참고** 金斗鍾,「高麗 鑄字本의 重刻本과 南明泉和尙證道歌」,『書法』1-2, 1960.

金斗鍾,『韓國古印刷技術史』, 探求堂, 1980.

千惠鳳,「麗朝 鑄字印刷術」,『羅麗印刷術의 研究』, 景仁文化社, 1980.

**사진** 국립도서관

김두종

# 7. 妙法蓮華經

연대 忠穆王 1년(1345)

소재 鏡神寺(일본)

서지사항 筆寫本(寫經), 折本, 白紙墨書, 變相 白紙金泥, 38.9㎝×14.2㎝

간기 大元至正五年乙酉九月日
無住庵沙門天雲誌

참고 權熹耕, 『高麗寫經 硏究』, 미진사, 1986, 430쪽.

# 8. 金剛般若波羅蜜經

**연대** 恭愍王 12년(1363)

**소재** 고려대, 성암문고

**서지사항** 鳩摩羅什(姚秦) 奉詔譯.

木板本. 1帖 (38張) 圖. 上下單邊, 半郭 21.3cm×11cm. 半葉 2段 7行2字. 27cm×11cm

**간기** 至正二十三年癸卯八月 日南原開板

書員 信之 畵員 法戒 刻字 信明 法空

功德主 曹松桂 勸善 覺敏

同願 李中順 定如

奉常大夫知南原府使薛師德…

判官兼勸農使 金英起

**참고** 千惠鳳·黃天午, 『高麗典調査報告書』, 文化財管理局, 1980, 26쪽.

# 제2편 조선 전기

# 9. 高峰和尙禪要

연대 定宗 1년(1399)

소재 국립도서관, 동국대

서지사항 元妙 述(元) ; 持正 錄 ; 洪喬祖 編

木板本. 43張: 四周單邊 半郭 17.7㎝×12.6㎝, 有界, 10行18字, 上黑魚尾 ; 25.0㎝ ×15.2㎝

판심제 要

서 至元甲午 眞圓 山獻

발 至元甲午十月哉生魄參學淸苕淨明朱穎遠謹跋(1294)

參學比丘永中募綠鋟梓吳郡集雲精舍戊戌重刊(중국)

간기 智異山德奇寺開板　　幹善道人志夆

建文元年己卯八月　日重刊 海恩 笁令

施主 芥因 惠淳 信厶 海明　法桓 緣松 信智刀

사진 국립도서관

* 사진은 뒤에 수록된 1604년 간행본 안에서 확인됨

# 10. 牧牛子修心訣

연대　定宗 2년(1400)

소재　성암문고

서지사항　知訥(高麗)

木板本　線裝1冊(23張) : 上下單邊 左右雙邊 半郭 16.8㎝×11.0㎝, 無界, 9行16字, 無魚尾 ; 23.1㎝×14.1㎝

합철　誡初心學人文, 晥山正凝禪師示蒙山法語, 東山崇藏主送子行脚法語.

간기　第十代開板建文二年八月日誌 智異山德奇庵重刊

# 11. 金剛般若波羅密經(六經合部)

연대 世祖 8년(1462)

소재 동국대, 국립도서관, 규장각

서지사항 鳩摩羅什(姚秦) 譯

1冊(26張). 圖 四周單邊 半郭 18.6㎝×13.3㎝, 無界, 8行17字 無魚尾 ; 26.0㎝×16.2㎝

합철 金剛般若波羅密經, 大方廣佛華嚴經入不思義解脫境界 普賢行願品, 大佛頂首釋嚴神呪, 觀世音菩薩禮文, 妙法蓮華經觀世音菩薩普門品, 佛說阿彌陀經.

간기 願我以諸經刻板功德十方世界死生六道一切衆生同敀淨土同見弥陁同聞淨法同化衆生 慶尚道晉州地金龍山見佛庵 開板

天順六年壬午六月日 謹跋

將仕郎盧伯□兩主

主上殿下壽萬歲 王妃殿下壽齊年 世子邸下壽千秋 大君各位壽命長

大施主大禪師義戒 訥伊 大施主 自澄 大禪師 智印 大禪師 義頓 大禪師 義禪 大禪師 彐瑗 大禪師 靑安 禪伯 戒白 大禪師 性敏 大禪師 學南 大禪師 印湖 禪師 信聰 英敏 海禪 主簿金勝兩主 宋訥介夫妻 鄭松夫妻 孫卜夫妻 田得衣今音加 趙熙敬夫妻 今音達龍今 朴衆伊夫妻 崔氏古火伊 金仲里金夫妻 裴思彦夫妻 金大干德 李山名夫妻 金氏亽怛 梁桂 金彐元 金春 金者古三點家 吳成吉 辛於火伊 宋致剛 金進 李哲米伊 崔同每邑加伊 司直李明衣兩主 金良祐夫妻 金安敬夫妻 裵景□夫妻

鄭(이하 缺) 刻(이하 缺)

前萬蓮寺住持 大禪師□□ 道人戒樞

前智谷寺住持 大禪師 性敏 道人竹根

大禪師 岺月

鍊板大禪師 尙敬

中書 冏維 □行文禪師

幹□道人 宝應

(가로순)

**사진** 동국대

# 12. 俱舍論頌疏抄

연대 世祖 8년(1463)

소재 장서각

서지사항 常眞(唐) 著

木版. 8卷 8册. 上下單邊, 匡郭 51.2×21.8㎝, 無界. 全葉 32行 21字, 註雙行. 無版心. 36.8㎝×31.2㎝

판심제 俱舍眞抄

간기 天順七年癸未歲朝鮮國刊經都監奉
敎於慶尙道晋州雕造

中樞院錄事臣鄭軸 書

俱舍眞抄一

사진 장서각

朴相國, 『全國寺刹所藏木板集』, 文化財管理局, 1987, 375쪽.

* 간기는 권1과 권 2에 있으며, 나머지는(권3 ~ 권8) 성주목에서 간행되었음

# 13. 拈頌說話節錄

연대 中宗 7년(1512)

소재 동국대

서지사항 智嚴(朝鮮) 書

筆寫本(橋本), 1冊(81張) : 無界, 半葉 16行字數不定; 32.8㎝×19.3㎝

표지제 拈頌畫足

간기 時正德壬申仲秋日碧松書於獅子庵

# 14. 禪宗永嘉集

연대　中宗 15년(1520)

소재　장서각, 고려대, 동국대

서지사항　玄覺(唐) 撰 ; 行靖(宋) 註 ; 淨源(晋) 修定科 ; 世祖(朝鮮王) 御定口訣 ; 信眉(朝鮮) 等譯

木板本. 2卷2冊 : 四周雙邊 半郭 20.4㎝×14.7㎝, 有界, 8行19字 注雙行, 上下黑口, 內向黑魚尾 ; 29.5㎝×20.5㎝

판심제　永嘉集

서　唐慶州刺使魏靜述

서　臣僧秀菴道人信眉稽首謹跋(卷 上)

발　天順七年十一月日孝寧大君臣補謹跋(卷 下) (1463)

간기　卷 上

正德十五年庚辰六月日慶尙道安陰縣地智牛山
長水寺重以開刊

幹善山人 子泓 鍊板信行 供養主 信草
化主 道閑 貫之
凌雲
希世
刻手秩 得之
性獜

大施主池得厚兩主 大施主李春金兩主 大施主廉乭彦兩主
劉一仝兩主 貴石只兩主 劉碩只兩主章□賢兩主曺朴中兩主
平山兩主 徐安兩主 安仝兩主 徐文孫兩主 劉開峯兩主
古邑仝兩主 赤致兩主
毛老非 仲仝兩主 河從山兩主 長內ㄱ京兩主 李春仝兩主
宋順京兩主 淵綣厚兩主 李京兩主 李云兩主 哲仝兩主
全挨山兩主 玉非 李今孫兩主 林猛虎兩主 玉犬兩主
曺日ㄱ金兩主 金朴中兩主 曺乙□兩主 曺致孫兩主
盧仏仝兩主 尚山兩主曺明元兩主 安金兩主 朴重兩主
黃霳雲兩主 徐卯山兩主 仲老 者叱德
熙云 性峻 性哲 □符 智熙 覺惠 熙□
(가로순)

**사진** 장서각

朴相國, 『全國寺刹所藏木板集』, 文化財管理局, 1987, 380쪽.

**영인** 禪宗永嘉集諺解, 慶北大學校 國文學科 研究室, 1954.

# 15. 禪門拈頌集

연대 中宗 23년(1528)

소재 국립 도서관 장서각, 동국대, 단국대

서지사항 慧諶 編

木板本. 30卷10冊 : 四周單邊 半郭 17.5㎝×12.5㎝, 無界, 半葉12行21字 註雙行, 上下內向上黑魚尾 ; 26.0㎝×17.9㎝

판심제 拈頌

서 貞祐十四年丙戌仲冬海東曹溪山 修禪社無衣子序(1226)

권말 憑玆彫刊法寶流通功德奉祝 … 斷俗寺住持禪師萬宗記

令戒心刊板流通 至矣哉

嘉靖戊子智異山野老跋

참고 김두종, 『韓國古印刷技術史』, 탐구당, 1980.

사진 국립도서관

김두종

# 16. 護法論

| | |
|---|---|
| 연대 | 中宗 23년(1528) |
| 소재 | 국립도서관, 규장각 |
| 서지사항 | 張商英(宋) 述<br>木版本. 23.7㎝×15.7㎝, 匡郭 四周單邊, 半葉匡郭 : 16.7㎝×12㎝, 無界, 9行 18字 上下大黑口, 上黑魚尾 |
| 합철 | 道家論辨牟子理惑論 |
| 서 | 乾道辛卯 鄭璵(1171) |
| 서 | 紹定四年 … 知幻道人(元)(1231) |
| 발 | 蒼龍己未仲秋 … 李穡跋(1379) |
| 간기 | 嘉靖七年戊子春日 智異山神興寺<br>開板<br>施主 金山 金石□<br>車明 車有平<br>車軒 禪宗<br>車孟仅 車銀松<br>朴松骨 車允汀 刻手 張守明<br>性了 化主 處明<br>金戒同 供養主 祖心 |
| 사진 | 국립도서관 |

# 17. 禪門綱要集

연대 中宗 26년(1531)

소재 국립도서관, 동국대, 성암문고

서지사항 天頙(高麗)撰.

木板本. 23張 : 四周單邊 半郭 16.7㎝×11.6㎝, 21行20字, 黑口, 內向黑魚尾 ; 23.6㎝×13.8㎝

판심제 禪

합철 禪門寶藏錄

서 海東沙門內願堂眞靜大禪師 天頙

蒙且 序 至元卅年癸已十一月日也(1293)

발 至元三十一年甲午三月日 蒙庵居士奉翊大夫副

知密直司事國學大司成文翰學士承旨 李混 跋(1294)

간기 嘉靖十年辛卯日慶尙道智異山鐵窟開刊以傳

臣興

사진 국립도서관, 동국대

# 18. 禪門寶藏錄

연대 中宗 26년(1531)

소재 국립도서관, 동국대, 성암문고

서지사항 天頙撰.

木版. 4卷1冊. 四周單邊, 半郭. 16.8×11.6㎝. 半葉 11行 20字. 上下小黑口. 內向黑魚尾. 25.2×14.5㎝.

판심제 禪上, 中, 下

합철 禪門綱要集

서 海東沙門內願堂眞靜大禪師 天頙

蒙且 序 至元卅年癸巳十一月日也(1293)

발 至元三十一年甲午三月日 蒙庵居士奉翊大夫副

知密直司事國學大司成文翰學士承旨 李混 跋(1294)

간기 嘉靖十年辛卯日慶尙道晋州地智異山鐵窟開刊以傳

臣興寺

圓悟 刻手 戒心

戒珠

正一 供養主 玄旭

化主 玉修

秀庵

사진 국립도서관, 동국대

# 19. 五大眞言

**연대** 中宗 26년(1531)

**소재** 국립도서관

**서지사항** 不空 奉詔譯, 한글音譯.

木板本. 111張 : 手印圖, 四周雙邊 半郭 17.1㎝×11.9㎝, 有界, 8行13字, 黑口, 內向黑魚尾 ; 21.4㎝×16.0㎝

**판심제** 五大

**합철** 四十二手眞言, 神妙章句大陀羅尼, 隨求卽得陀羅尼, 大佛頂陀羅尼, 佛頂尊勝陀羅尼, 附 靈驗略抄

**간기**

嘉靖十年辛卯月慶尙道智異山鐵堀開刊以傳

臣興寺 刻手秩 戒心

施主秩 戒珠

大施主金欣金兩主

雲淡 施主善德

惠泉 郭乭石

靈一 姜仇知

惠寬 朴介乃

金仁孫

刓善 溫非 敬和

敬濟 思冏 供養主 玄旭

允熙 處安 幹善 玉修

法通 秀庵

**사진** 국립도서관 마이크로필름

**참고** 안병희, 「한글판「오대진언」에 대하여」, 『한글』 제195호, 1987. 한글학회.

남경란, 「五大眞言·과 '靈驗略抄' 에 관하여」, 『문헌과 해석』 통권10호, 2000, 문헌과 해석사.

# 20. 現行西方經

**연대** 中宗 26년(1531)

**소재** 동국대

**서지사항** 元昱(高麗) 錄 木板本

不分卷1冊 : 四周雙邊, 半郭 21.6×13.6㎝, 無界, 半葉 10行22字, 大黑口, 上下內向黑魚尾 ; 25.5×16.0㎝

**판심제** 西

**발** 正統十三年戊辰月日禪判都大禪師少言跋(1448)

**간기**

| | |
|---|---|
| 大施主 艮里 保体 | 河孟精兩主 |
| 大施主 禪師 自印 | 朴氏兩主 |
| 主簿金世珍兩主 | 金有緣兩主 |
| 禦侮將軍許光孫兩主 | 刻字逸　供養逸 |
| 蔡氏保体 | 方守建　智元 |
| 朴平同兩主　金銀同 | 三應　　畢從 |
| 金尹傾兩主　目ㄱ之 | 化主逸 |
| 金仍叱同　　徐同 | 勸化戒熙 |
| 靈機 | 幹化智鑑 |

嘉靖十年辛卯四月日智異山七佛寺開板

**구간기** 正統十二年丁卯 … 慶尙道金山郡地黃嶽山道旨寺(1447)

**사진** 동국대

**참고** 徐閏吉, 「高麗의 密敎와 淨土信仰-元昰의 現行西方經을 중심으로-」, 『동국사상』 14집, 1981, 동국대학교 불교대학.

# 21. 景德傳燈錄

연대　中宗 31년(1536)

소재　장서각

서지사항　釋 道原(東吳)纂

木板本. 1冊(全 30卷 6冊). 四周單邊, 半郭 20.7㎝×15.3㎝, 12行 20字, 無魚尾 26.8㎝×18.5㎝

간기　嘉靖十五年丙申暮春智異山神興寺開板

# 22. 蒙山和尙法語略錄

**연대** 中宗 31년(1536)

**소재** 국립도서관

**서지사항** 蒙山 著

木板本. 四周單邊 半郭 15.2㎝×11.7㎝, 9行17字, 黑口, 內向黑魚尾 ; 23.2㎝×14.7㎝

**합철** 發心修行章

**간기** 嘉靖十五年丙申孟夏日智異山神興

寺重刊

| | | |
|---|---|---|
| 大施主 李世長 | 孔得由 | |
| 施主 韓虔 兩主 | 祖能 | 道熙 |
| 金孫 兩主 | 智雄 | 道安 |
| 李世榮 | 信崇 | 性祖 |
| 李富貞 | 慧一 | 灵觀 |
| 金彭世 | 衍熙 | 印諶 |
| 金安世 | 竺明 | 一應 |
| 金守□ | 全令孫 | 刻手秩 |
| 趙孟仁 | 鄭貴同 | 戒心 |
| 徐益亨 | 鄭延同 | 戒珠 |
| 金守渚 | 李世延 | 惠訔 |
| 張世沓 | 金羞 | 信崇 |
| 姜多勿沙里 | 金全 | 供養主 |
| 趙長孫 | 甘之 | 信浩 |

| 李石龍 | 鄭末孫 | 明月 |
| --- | --- | --- |
| 李玉石 | 林貴孫 | 化主崇一 |

**사진** 국립도서관

# 23. 蒙山和尙六道普說

**연대** 中宗 31년(1536)

**소재** 동국대

**서지사항** 德異(元) 說

木板本. 1冊(24張) : 四周單邊 半郭 19.1㎝×13.5㎝, 有界, 6行13字, 上下中黑口, 內向黑魚尾 ; 26.5㎝×18.0㎝

**간기** 嘉靖十五年丙申六月 晉州智異山神興寺開刊

大施主申□□ 德壽命長 (이하 缺)

前部將申世□ 金凡山 金□□ □□□ □□
金氏□□ 沈京孫 張光□ □□ □□
張氏 古音德 金孝□ □□京 學祖
申氏□□ 朴人赤 崔孝文 義浩 □玄
金氏 黃世弼 德今 允志 正默
朴□□ □□ 趙□忠 玄熙 戒心
申□ 李業山 趙礼宗 法能 祖一 今度
大施主姜哲同 文守京 李孫 省悟 道□ 今之
□□ 刻手 戒珠
大施主有德 金万石 金孫守 法□ 信崇
□今 吳豆之 朴山隙 戒敏供養主慧聰
崔世瑛 朴芿叱莊 吳已□ 義心□□仅□□

**사진** 동국대

## 24. 發心修行章

연대 中宗 31년(1536)

소재 국립도서관

서지사항 元曉 著

木板本. 1冊(35張). 四周單邊. 半郭15.9㎝×11.5㎝. 無界. 半葉8行 16字. 大黑口. 內向黑魚尾. 26.8㎝×15.4㎝

판심제 法等

합철 自警, 蒙山和尙法語略錄

간기 嘉靖十五年丙申孟夏日智異山神興寺重刊

(*간기는 앞의 蒙山和尙法語略錄에 의거함)

사진 국립도서관

참고


蔡印幻, 「元曉의 戒律思想」, 『佛教學報』 第三十二輯, 1995, 東國大學校 佛教文化研究院.

鄭舜日, 「元曉의 發心論」, 『釋山韓鍾萬博士華甲紀念 韓國思想史』, 1991, 釋山韓鍾萬博士華甲紀念論文集 刊行委員會.

# 25. 水陸無遮平等齋儀撮要

**연대** 中宗 31년(1536)

**소재** 김무조

**서지사항** 木板本. 1冊(39張). 四周雙邊, 半郭28.4㎝×20.5㎝. 有界. 半葉7行 17字. 註雙行. 內向黑魚尾. 37.7㎝×24.7㎝

**판심제** 結

**합철** 修設水陸大會所

**발** 蒼龍己丑六月下澣輔國崇祿大夫行中樞府知事金守溫跋(1469)

**간기** 嘉靖十五丙申季正月日慶尙道安陰地德宥山靈覺寺開板

# 26. 法集別行錄節要并入私紀

연대 中宗 32년(1537)

소재 계명대

서지사항 知訥(高麗)

木板本. 東裝1冊(59張) : 四周單邊 半郭 19.2㎝×13.5㎝, 無界, 10行20字, 內向黑魚尾 ; 26.5×17.6㎝

간기 嘉靖十六年丁酉孟夏 慶尙道 晉州地 智異山 神興寺 開板

# 27. 佛說預脩十王生七經

연대 中宗 32년(1537)

소재 日本龍谷大學所藏(원본), 국립도서관(복사본)

서지사항 木板本(複寫本). 不分卷1册(18張) : 10行17字 ; 17.3㎝×12.2㎝

구간기
成化五年六月 日誌(1469)
證明慧覺尊者 信眉 學悅 學祖
孝寧大君
貞懿 公主李 氏
永順君 福城正
中樞院事金守溫
主上殿下統臨億載
王后殿下
世子邸下各 享千秋普及法界四生九
類同證菩提募工彫板廣施無窮者

신간기
嘉靖十六年丁酉八月日智異山神興寺
願造十王經重刊隨喜施主芳名于后
大施主盧仲京兩主 施主金欣金
陳氏 施主孫富興
安處健 孫仅同
參軍白根 李孫
梁彭同 鄭光孫

金叔仁 孫世俟
黃世弼 朴羅赤 刻手戒心
金安世 金萬石 學正
方千金 朴山陳 信崇
何益精 朴守陳 敬熙
朴希茂 內丁ㄱ万 錬板允浩
長禹同 李玉石 飯頭智淳
沈銀孫 方尼金 幹善
李千于 姜哲石 義烔
趙守宗
長廣元 趙桀
成叔孫

**참고** 국립도서관에서는 『佛說延命地藏菩薩經』으로 되어 있으나 여기서는 간기 부분 명칭을 따름.

**사진** 국립도서관 마이크로필름

# 28. 高峰和尙禪要

연대　中宗 34년(1539)

소재　동국대, 장서각

서지사항　原妙(宋) 著；持正(宋) 譯；洪喬祖(元) 編, 校正：靈觀(朝鮮)

木板本. 不分卷1冊：四周單邊, 半郭 19.6㎝×12.6㎝, 無界, 半葉 8行18字, 中黑口, 上下下向黑魚尾；24.4㎝×15.8㎝

판심제　要

서　序：至元甲午重九日天目參學直翁洪喬祖(元)謹書(1354)

발　跋：至元甲午十月 … 朱潁遠(元)謹跋

간기　上以□弘　國祚下以普濟含靈

皇明嘉靖大歲己亥之春有一道人靈祉者欲廣

禪要之傳以惠後學募緣鋟梓流布萬歲烏非深

有慕於佛祖之風者其能若是乎後之有志學者賢斯

禪詮而頓發心華則其敎化之功德何可勝數哉

施主一宗 性修 衍熙 學通 坦器 信還 鐵牛 亶哲金

趙元　　刻手秩 敬希 信崇 惠聰 炊飯 戒澄

智異山南臺庵開板以傳神興寺幹善道人靈祉

校正靈觀　　性牛

金義忠兩主

徐貴進兩主　姜石孫

施主卓守　和密　玉熙 敬祖此等吾卿
闍山而常修梵行人
證明鐵牛　　　鍊板印空 覺晟

**사진** 동국대

**참고** 김영선, 「高峰和尙禪要 板本考」, 『書誌學硏究』 제14집, 1997, 書誌學會.

# 29. 妙法蓮華經要解

연대　중종 34년(1539)

소재　국립도서관

서지사항　戒環 述

木板本. 4卷4册 : 插圖, 四周單邊 半郭 25.3×16.5㎝, 無界, 10行18字, 內向黑魚尾 ; 30.4-34.5㎝×20.9-22.2㎝

간기　妙法蓮華經四 卷第七

主上殿下壽萬歲
王妃殿下壽萬歲
世子邸下壽千秋
前斷俗寺住持惠通
山納水印
信明
大施主智行 宝仁 仅玄 釋林 幸田 信冏 印修 惠泉 道林
彐淡 一準 釋還 了元 崇隱 敬熙 學連 道安 性淸 宝云 志淳 志根
玄密 法奇 敬敏 玄熙 學道 智冏 熙仁 熙準 玄策 法行 敬祖 祖明 一惠 玄絹 信梅
滿云 學文 法根 熙穆 覺性 戒明 性衍 學能 玄熙 熙甘 志修 印空 能準 祖印 一聰
無準 釋宝 智空 道千 學悅 法玄 性空 志滿 惠忍 承密 惠明 智聰 水仁 惠安

戒訔 祖冏 彐澄 正惠 一空 智準 覺能 戒崇 靈云 仅敏 泫熙 玄覺 性衍 法淡 釋圭

趙光門

大施主金 同兩主 大施主莫德保体 大施主金致孫兩主 大施主孟億京兩主 大施主崔良里金兩主 大施主徐山伊兩主 大施主李金叱同兩主

貴山兩主 禹莫同兩主 善今保体 林同兩主 朴无老只兩主 鄭仁乞?兩主

鄭行孫兩主 李成伐兩主 春同兩主 於伊山兩主 朴巨夫非兩主 白无金兩主 崔士同兩主 李□山兩主

崔戒南兩主 靑今保体 宝里同兩主 今伊保体 廉己同兩主 崔万同兩主 玉无赤兩主 金玉同兩主

梁一孫兩主 金三孫兩主 李自番兩主 金允京兩主

惠元 信元 惠祖 信冏 惠澄 性了 敬元 信休

法熙 熙宗 惠仁 惠椎 性天 性軒 學祖 信當

熙千 覺惠 釋祖 釋軒 戒連 祖先 正淳

省珠 信宗 性梅 希準 靈修 釋敏 道崇 仅會

刻手 法崇 道信 仅冏 祥云 印正 道安 仇淡 惠允 天印 靈芝

鍊板 戒淳 釋行 供養主 釋還 覺元 釋熙

綠化秩 惠雄 德修 熙寬 覺心 元應

化主 六行

嘉靖十八年己亥正月日慶尙道安陰地德宥山靈覺寺 重刻

(가로순)

**사진** 국립도서관

# 30. 禪門拈頌集

**연대** 明宗 4년(1549)

**소재** 성암고서박물관

**서지사항** 慧諶(高麗) 編.

木板本. 21卷7册(缺帙) : 四周單邊 半郭 16.3㎝×12.2㎝, 無界, 12行21字 註雙行, 上下向黑魚尾 ; 22.6㎝×16.5㎝

**판심제** 拈頌

**간기** 時嘉靖二十八年歲次己酉白洋慶尙道晋州牧智異山神興寺開刊

# 31. 禪宗永嘉集

연대 宣祖 3년(1570)

소재 동국대

서지사항 玄覺(唐) 撰. 行靖(宋) 註 ; 淨源(晋) 修定科 ; 己和(涵虛堂) 說誼

木板本. 東裝2卷1册 : 四周單邊 半郭 19.8㎝×13.5㎝, 無界, 11行19字 註雙行, 內向花紋魚尾 ; 24.8㎝×16.5㎝

판심제 永嘉集

서 涵虛堂得通述

간기 隆慶四年庚午夏智異山臣興寺重刊

大施主朴大隱同 刻手

大施主張根梅 法雲

板施主成玉同 相能

李守千

林 當 參玄

金亽斤乃 玄敏

金成同 僅玄 楝板 淡淸

卯輝 執務 敏正

校正 道義 崇祖 幹線 海正

眞一

李仁惠, 「己和의 禪宗永嘉集科注說誼 硏究」 1989, 동국대 석사학위논문.

# 32. 釋迦如來行蹟頌

연대 宣祖 5년(1572)

소재 고려대, 규장각

서지사항 雪默 無寄(高麗) 撰集

木板本. 2卷1册 : 四周單邊 半郭 17.2㎝×12.5㎝, 有界, 10行22字, 內向黑魚尾 ; 28.5㎝×17.5㎝

판심제 如來頌

서 (卷 上)

時大元至順庚午四月日晦巖老人書(1330)

時天曆元年戊辰臘月旣望序述云(無寄自序 ; 1328)

발 (卷 下)

時天曆三年庚午二月八日萬德山白蓮社沙門豈跋(1330)

隆慶五年辛未三月日頭流山金華道人義天書(1571)

간기 (卷 下)

大施主張升每 金豊年 趙□甲

大功德主裵氏 有難 無心 風德 君非

大功德主□熙 大禪熙悅 大禪ヨ訔 大禪云水 大德眞一

執務秩智雄 印暉 明暗 寶旭 崇祖 化士 歸正

隆慶六年壬申孟秋頭流山臣興寺開板

# 33. 誡初心學人文

**연대** 宣祖 12년(1579)

**소재** 동국대

**서지사항** 知訥(高麗) 述

木板本. 1冊(32張) : 四周單邊, 半郭 19.6cm×13.5cm, 半葉 8行18字, 內向2葉花紋魚尾 ; 27.0cm×17.4cm

**표제** 初心文

**합철** 發心修行章, 自警序, 皖山正凝禪師示蒙山法語, 蒙山和尙法語略錄

**간기** 粹然 戒祖 埋衍 戒惟 圓裕 勝牛 敬元 自正

普願書

萬曆七年己卯夏智異山神興寺留鎭化主性悟

**사진** 동국대

# 34. 法集別行錄節要并入私記

연대 宣祖 12년(1579)

소재 동국대, 국립도서관

서지사항 知訥(高麗) 撰 ; 惟政(朝鮮) 校

木板本. 75張 : 四周雙邊 半郭 20.9㎝×13.7㎝, 無界, 9行20字, 黑口, 內向黑魚尾 ; 29.6㎝×18.2㎝

발 大安元年 己巳夏月日 海東 曹溪山 牧牛子 知訥私記(1209)

간기 惟政校

法集別行錄節要并入私記 義天書

大施主印俊 大施主信英 大施主圓鑑 大選淨源 大選信誾 大選守行 大選太常 敏雄 智岑 尤哲 道岑 普明 天王 學宗 靈奇 德衍 性默 學能

思允 圓覺 義會 圓敏 行正 天敏 元應 彐牛 德會 水天 洗塵 正心 志寬 覺惠 宝淡 惠俊

勝戒 智甘 道玄 智堂 敬仁 德仁 祖一 志淡 學連 道一 善修 法融 水誾 敬悟 印珠 吳彦 丈惠 智訓

正量 仁牛 信軒 智輝 法俊 天運 學和 靈俊 道熙 義澄 敬天 志誾 印輝 懶牛 中虛 明甘 海云 敬俊

□允 祖能 信學 天楫 智永 道明 能云 彐順 覺海 玉心 妙衍 守眉 云印 能守 志云 惠遠 智甘 信義 宝眞

永守 敬熙 普天 尤默 靈照 天輝 仅修 印淡 宝全 希卜 性云 道仁 弘俊 志熙 贊令 承祖 惠能 印海 熙彦

惠岑 了明 彐會 戒珠 信淡 正岩 天淡 正修 智熙 性玄 義月 性仁 彐訔 性熙 性明依 仁 學淸 法淸 天雄 仅明 惠正

正悟 戒明 信牛 宝岑 戒眞 處正 法雄 戒林 性元 守眞 智祥 彐訔 普閑 印修 思彦 云奇 性正 靈仁 玉宝 宝月 德會

趙傑 刻 趙順日 吳頗回 天上 徐岭 永俊 吳仁 吳几 李戒宗 朴君水 韓京終 從代 斤非 朱乭石 蘇夢 裵風世 萬今 張介 惠巳 執務一禪 淸遠 道仁

粹然 法□ 祖能 上火 戒祖 戒根 敬元 敬熙 應浩 尙眞 心月 上云 法見 應眞 惠英 元宥 尙玄 □訔 仅英 太華 碧云 正應 彦兼 玄玉 玉冏

萬曆己卯夏智異山神興寺開刊化主性悟別座戒信鍊板淡淸慈印

**사진** 국립도서관

# 제3편 조선 후기

## 35. 蒙山和尙法語略錄

연대　宣祖 36년(1603)

소재　국립도서관, 쌍계사, 계명대

서지사항　德異(元)

木板本 東裝1冊(17張) : 四周雙邊 半郭 18.8㎝×13.5㎝, 無界, 8行 18字, 內向二葉花紋魚尾 ; 24.2㎝×18.0㎝

합철　晥山正凝禪師示蒙山法語, 古譚和尙法語

간기　大禪師 善修 大禪師 道潛 信澤 圓正 良機 性圓
道菴 正旭 眞覺 靈芝 玉井 惟一 杜明 戒宝
道一 守安 德眞 道菴 慈雲 覺性 圓機
祖軒 懶應 懶默 宝鑒 信寬 明宝 信明
性徹 智明 窮河 海淳 方湜 玉暹 懷玉
印和 杜仁 杜覺 玄楫 法禪 性修 性熙
行珠 性浩 道洽 義敏 妙圓 敏友 道恩
戒靈 自悅
錬板 良機
刻字 應俊 惠寬 勝熙 純玉 眞義 玄鑒 坦昱
別座 性祐　作務 海雄
幹善 行淨 湖鏡
萬曆三十一年癸卯冬智異山能仁菴開刊移鎭雙溪寺

사진　국립도서관 마이크로필름

# 36. 禪源諸詮集都序

**연대** 宣祖 36년(1603)

**소재** 국립도서관, 쌍계사

**서지사항** 宗密(唐)述.

木板本. 2卷 1册(卷上, 下). 四周雙邊, 半郭19.3㎝×14㎝. 無界. 半葉9行 19字, 頭註. 內向一, 二葉混入花紋魚尾. 28.5㎝×18.3㎝. 線裝

**판심제** 都序

**서** 洪州刺史兼御史中丞裵休述

**간기** 禪源諸詮集都序 卷 上 覺性校

大禪師 善修 大禪師 道潛 信澤 圓正 良機 性圓 眞覺
靈芝 道菴 正旭 玉井 惟一 杜明 戒宝 守安 義敏
道一 德眞 道菴 慈雲 覺性 元機 祖軒 懶應
懶默 宝鑒 明宝 性徹 信寬 智明 信明
窮河 海淳 方湜 玉暹 懷玉 杜仁 印和 斗覺
玄楫 法禪 性浩 性修 性熙 行珠 雙淳
大能 惠日 純正 熙玉 印默 道洽 妙元 道恩
戒靈 敏友 惠□ 元倓 碩然 相雲 楚元
敬淳 圭□ 凡和 萬義 淨惠 雪訔 道英 德均
行修 彦智 天隱 雙一 天印 性安 敬仁
惠安 雙淳 自悅 德堅 祖機 學聰 元義 隱悟

勝禪 杜岑 杜□ 杜默 敬暹 道嚴 學廉 志和

元一 勝元 宝玄 應浩 祥雲 海友 慈惠 淂安

一如 石□ 信一 了明

刀 應俊 惠寬 勝熙 淳玉 玄鑒 眞義 眞正 印和

錬板 良機 別座 性佑 勸化 行正(淨?) 湖鏡

萬曆三十一年癸卯冬智異山能仁庵開刊移鎭于雙溪寺

(가로순)

**사진** 국립도서관

# 37. 晥山正凝禪師示蒙山法語

연대 宣祖 36년(1603)

소재 국립도서관, 쌍계사

서지사항 木板. 四周單邊 半郭 19.5㎝×14㎝, 無界, 8行 18字, 內向二葉花紋魚尾

합철 古譚和尙法語, 蒙山和尙法語略錄

간기 萬曆三十一年癸卯冬智異山能仁庵開刊移鎭于雙溪寺

(*간기는 위 蒙山和尙法語略錄에 의함)

사진 국립도서관 마이크로필름

# 38. 高峰和尙禪要

연대　宣祖 37년(1604)

소재　국립도서관, 동국대, 장서각, 송광사, 원광대, 성암문고, 고려대,

서지사항　全. 釋 持正(元)錄 洪喬祖(元)編 木板本

不分卷 1册(49張). 四周單邊, 半郭 18.3㎝×12.7㎝, 8行 16字, 無界, 上下黑魚尾. 28.3㎝×20㎝

판심제　要

서　至元甲午 重九日天月參學直翁洪喬祖謹書(1294)

발　至元甲午十月哉生魄參學淸淨明朱穎遠謹跋

간기

大施主 演默

校正　覺性

刻字 應俊 勝熙 玄鑒 眞義 圓鑒 靈瑞 唜埋

鍊板 良機

作務 圓正 雙淳 天雲 妙圓 會堂

嗔順

幹善 行淨 湖鏡

萬曆三十二年甲辰春能仁庵開刊移鎭于雙溪寺

(가로순)

사진　국립도서관, 송광사

# 39. 大慧普覺禪師書

연대　宣祖 37년(1604)

소재　국립도서관, 원광대, 전남대, 쌍계사

서지사항　宗杲 著, 慧然 錄；黃文昌 重編

목판본. 1卷 1冊：四周單邊, 半郭 17.3㎝×3㎝, 無界, 半葉 10行 18字, 上下黑魚尾. 27.3㎝×18.5㎝

판심제　書

발　洪武二十年丁卯十月日 推誠保節同德贊化功臣壁上三韓三重 大匡領藝文春秋館事韓山府院君李穡跋(1387)

간기　萬曆三十二年甲辰四月 能仁菴移鎭雙溪

# 40. 妙法蓮華經

연대　宣祖 37년(1604)

소재　동국대(경주)

서지사항　戒環(宋) 解；鳩摩羅什(姚秦) 奉詔譯

木板本. 7卷4册：揷圖(變相圖), 四周單邊 半郭 20.2㎝×13.5㎝, 無界, 半葉10行20字, 無魚尾；27.1㎝×17.5 ㎝

판심제　法

간기　萬曆三十二(1604)年甲辰夏能仁菴開刊移鎭于雙溪寺

사진　동국대

妙法蓮華經 卷 3

간기　**妙法蓮華經 卷 3**

| | | | | |
|---|---|---|---|---|
| 海瓊記付 | 金万旺兩主 | 加應伊金兩主 | 文益兩主 | 黃世兩主 |
| 大施主卜之靈駕 | 宝陪兩主 | 朴天叱金兩主 | 千秀同兩主 | 愁里兩主 |
| 大施主朴從石兩主 | 正月兩主 | 金定億伊兩主 | 宋彦從兩主 | 內卩介兩主 |
| 大施主金允亨兩主 | 李㐀孫兩主 | 金繼宗兩主 | 金貴心兩主 | 礼永兩主 |
| 大施主綵文比丘 | 朴春兩主 | 貴非兩主 | 李貴仁兩主 | 福德兩主 |
| 大施主金山兩主 | 權守兩主 | 龍鳳兩主 | 注叱德兩主 | 俠非兩主 |
| 丁春守兩主 | 金吊成兩主 | 白非兩主 | 朴巨正兩主 | 銀介兩主 |
| 甘德兩主 | 金行眞兩主 | 張好信兩主 | 尸無金兩主 | 宋同兩主 |

申愁延兩主 金公伊兩主 鳳非兩主 仍叱同兩主 春德兩主

鄭元悟兩主 奉春兩主 李多勿比兩主 金進玉兩主 奉致兩主

白玉兩主 朴斤貴兩主 姜奇守兩主 金延守兩主 隱介兩主

崔好卜兩主 古音代兩主 劉玉金兩主 河㐦同兩主 㐦介兩主

鄭仅光兩主 億 代兩主 金 自兩主 李鶴龍兩主 李仁貴兩主

鄭仅守兩主 開乙金兩主 金食之兩主 冬 至兩主 張德夫兩主

文彦光兩主 俊 石兩主 苧 友兩主 奉伊兩主 金延守兩主

羅石崇兩主 李應世兩主 丁春守兩主 許大守兩主 㐦 德兩主

文大祿兩主 梁俊丁兩主 玉 礼兩主 李 鶴兩主 劉論世兩主

前叱其乃灵駕 張巨叱金兩 主林彦良兩主 金得守兩主 李貴子兩主

金㐦守兩主 業 伊兩主 金㐦致兩主 德 只兩主 朱奉守兩主

莫 介兩主 乧云之兩主 宝 非兩主 金億卜兩主 春 德兩主

朴 栗兩主 無 己兩主 億 代灵駕 金卜令兩主 石 代兩主

河 應灵駕 莫 德兩主 春 介兩主 姜聰之兩主 朴大卜兩主

良鐵成兩主 吊 孫兩主 守 背兩主 宣七孫兩主 金靑三兩主

吳自云灵駕 注叱同兩主 金老赤兩主 金万延兩主 許千友兩主

吳自云兩主 趙大年兩主 宝 代兩主 仍叱壯兩主 朴貴世兩主

孔㐦致兩主 趙岳正兩主 朴木守兩主 注叱德兩主 李知貴兩主

金允卜兩主 金 宗兩主 勿乙介兩主 永 男兩主 姜德上兩主

李千命兩主 金億年兩主 守 德兩主 金從万兩主 孫永男兩主

**妙法蓮華經 卷 4**

大禪師元徹 天照 印朱 日晧 法能 德惠 德均 能敏

海和 德內 日惠 覺淳 日暎 戒祥 道禪 弘敏 智大

大雄 靈芝 道惠 學俊 懶忍 靈雲 處仁 智敏 勝全

德雄 彦宝 戒圓 釋熏 守珠 玄敏 性祐 敬云 德浩

省珠 勝圭 淨行 道鑒 智全 純眞 敬淳 義浩 默會

法聰 大田 正凝 靈義 學信 覺明 義英 弘印 尙彦

靈元 淸遠 祖日 如俊 勝海 天印 義浩 日云 信守

覺性 靈祐 明見 性敏 英印 智秀 雪淳 懶融 戒環

崇宝 智觀 淸遠 玄印 衍默 日軒 戒宝 天鑒 淸守

智崇 惠澄 戒一 敬齊 義禪 守安 釋敬 元明 尙俊

一雄 德仁 惠寂 淳玉 方湜 宝熏 天如 明秀 善正

省義 印天 釋明 印朱 智應 大義 瑞根 道全 三嚴

義仁 可寬 性眞 法靈 窮河 繁敬 妙澄 道澄 崇懷

戒菴 戒環 元林 戒明 道允 釋崇 守澄 戒照 義明

淨仁 信贊 淸日 印三 勝禪 義浩 智行 剋熙 法舡

靈珠 慈印 徹雄 大湖 玄眞 天暉 應均 玄允 靈秀

**妙法蓮華經 卷 5**

金順連兩主 金孔孫兩主 金億耳兩主 勝天 能宝 印宝

呂乙屎兩主 吳世斤兩主 陶起烟兩主 楚允 杜明 印談 梁彦布兩主

金泗衡兩主 內ㄱ德兩主 金 氏保体 天學 崇印 天祐 羅小元兩主

朴彦世兩主 看　旺兩主 延　德保体 弘印 義敏 戒岩 李世兩主
金　特兩主 李萬希兩主 安　之保体 能淨 懶默 敬潛 莫進兩主
朴明守兩主 代里金兩主 申命元兩主 勝暹 道岩 印鑑 趙㐫同兩主
金强守兩主 德俊
金公伊兩主 亐音花兩主 金岩會兩主 登秀 性徹 釋明 朱紅頻兩主
同叱介兩主 內卩伊兩主 車延木兩主 寬印 玉岑 敬連 朴末乙平兩主
朴斗參兩主 盈石老兩主 朴儉祥兩主 戒環 慈雲 天鑑 朴戒祥兩主
彦　花保体 注叱介兩主 文　同兩主 玉玄 守仁 義眞 吳德守兩主
金億福兩主 徐遠川兩主 雨　非兩主 隱浩 道瓊 會贊 安千守兩主
銀　合兩主 李石金兩主 二　上兩主 信玄 大英 敬禪 愛男保体
金論金兩主 藏　會兩主 金點西兩主 雪默 勝天 信澤 景男保体
金命億兩主 里　代兩主 金忠九兩主 智仁 天淨 禪敏 崔有世兩主
命　代兩主 物乙介兩主 朴成天兩主 口宝 仙隱 能日 丁必孫兩主
銀　月兩主 㤅　從兩主 崔丁仁兩主 印和 信玄 弘玉 朴連兩主

**妙法蓮華經卷 7**

覺性校

大施主良機 淳眞 戒浩 崔有世 五十同 刻字 性軒　鍊板
大施主雙淳 祖軒 玄淡 盧彦右 刑忠世 寬印 祥楫　良機
大施主金點世 義贊 尙淳 朴順春 朴希文 虛觀 淳玉 會堂
大施主梁彦種雲思 仁元 金乭石 許才　大華 玄鑒 別坐
鄭君自 坦熙 玄元 裵莫山 奴春仅 義浩 日浩 圓淨
智雄　能了 大澄 姜末致 億代　勝徹 虛瑞 作務

義淨　尙彦 五月 㕘婢 金孔伊　道梅 道修 行珠
大禪師學俊　敬金 銀代 梁思卜 李無進 正宝 雪澄 天雲
善修雲釋　性熙 姜內ㄱ同 戒花 貴希 眞淨 眞義 妙元
大禪師玉井　智勳 松介 畢花　莫德　應俊 坦昱 慈印
大禪師慈雲　惠全 李仁浩 大德 許大元 勝熙 應信
大禪師惠遠　學性 孔孫　許文 鄭彦水 義雄 印和
大禪師信明　敬會 義哲 金千億 守介　覺性
大禪師道潛　丁彦 朴必南 孫仁弼 論德 覺玄
法熙 幹善 行淨 湖鏡
萬曆三十二年甲辰夏能仁菴開刋移鎭于双溪寺

# 41. 法集別行錄節要并入私記

연대　宣祖 37년(1604)

소재　동국대, 장서각

知訥著, 覺性 校

서지사항　木板本. 1冊(75張). 四周單邊, 半郭20.3㎝×14㎝. 無界. 半葉9行18字. 內向二·三葉混入花紋魚尾. 29.2㎝×18.3㎝

판심제　私記

발　大安元年己巳夏月日海東曹溪山牧牛子知訥私記 (1209)

간기　記萬曆三十二年甲辰春智異山能仁菴開刊移鎭于雙磎寺

# 42. 水陸無遮平等齋儀撮要

연대　宣祖 37년(1604)

소재　쌍계사

서지사항　木板. 四周單邊 半郭 27.5㎝×21㎝, 有界, 7行17字, 內向黑魚尾

판심제　結

간기　萬曆三十二年甲辰七月日春慶尙道晋州地智異山能仁庵開板

참고　朴相國,『全國寺刹所藏木板集』, 文化財管理局, 1987, 322쪽.

# 43. 圖頓成佛論·看話決疑論

**연대** 宣祖 37년(1604)

**소재** 동국대, 규장각, 고려대

**서지사항** 知訥著.

木板本. 2卷 1冊. 四周單邊, 半郭17.1㎝×12㎝. 無界. 半葉10行 20字. 註雙行. 內向黑魚尾. 26.5㎝×16.1㎝

**판심제** 論

**합철** 圓頓成佛論(卷上)·看話決疑論(卷下)

**발** 時貞祐三年乙亥五月日 無衣子 慧諶跋(1215)

守太師門下侍中上柱國上將軍判吏部御史臺事崔沆誌

**간기** 看話決疑論終　　　兼施主覺性校

大禪師善修
大禪師道潛　　　　別坐
大禪師玉井　　刻手　圓淨
　　善行　　寶安　養供主
　　德珠　　道梅　行珠
　　印淨　　眞淨
　　隱梧　　一沾
　　英敏　　淳玉
　　靈鑑　　印花 幹善 行淨 湖鏡

花嵓
萬歷三十二年甲辰秋 能仁菴開刊 移鎭雙溪寺

**사진** 동국대

# 44. 天地冥陽水陸齋儀纂要

연대 宣祖 37년(1604)

소재 쌍계사

서지사항 木板 四周單邊 半郭 26.5㎝×21.5㎝, 有界, 7行17字, 註雙行, 內向三葉花紋魚尾

판심제 中

간기 萬曆三十二年甲辰七月日春慶尙道晋州地智異山能仁庵開板

참고 朴相國,『全國寺刹所藏木板集』, 文化財管理局, 1987, 323쪽.

# 45. 請文

연대 宣祖 37년(1604)

소재 쌍계사

서지사항 木板 四周單邊 半郭 22.3㎝×17.5㎝, 有界, 8行15字, 註雙行, 內向黑魚尾

판심제 請文

간기 萬曆三十二年甲辰夏智異山能仁庵開板

참고 朴相國,『全國寺刹所藏木板集』, 文化財管理局, 1987, 323쪽.

# 46. 大方廣圓覺修多羅了義經

**연대** 光海 3년(1611)

**소재** 국립도서관, 송광사, 동국대, 충남대

**서지사항** 佛陀多羅(唐)譯, 宗密(唐)述.

木板本. 6卷 6冊. 四周單邊, 半郭24.8㎝×20.3㎝. 有界. 半葉9行字數不定, 註雙行. 內向黑魚尾. 35.8㎝×24.7㎝

**판심제** 

**합철** 圓覺經

**발** 皇宋康定二年辛巳歲杓建鶉味月望日謹序(1041)

萬曆三十九年辛亥菊月朔梅軒後裔謹跋(1611)

**간기** 萬曆三十有九年辛亥之夏智異山能仁庵刊移鎭于雙溪焉

**大方廣圓覺修多羅了義經 卷 1**

國一都大禪師覺性

| | | | | | | | |
|---|---|---|---|---|---|---|---|
| 寺 | 玉明 | 惠倫 | 熙云 | 德燐 | 彦玄 | 灵侃 | 慈允 |
| 判司 玉修 | 敬燐 | 惠安 | 戒林 | 彦海 | 妙還 | 性湖 | 妙俊 |
| 判司 印澄 | 釋隆 | 德灵 | 學敏 | 熙見 | 海心 | 法還 | 慈軒 |
| 通政大夫□祐 | 勝閑 | 敬性 | 彦明 | 妙岩 | 楚正 | 勝李 | 思卞 |
| 智英 | 性惠 | 守仁 | 惠空 | 坦行 | 楚文 | 弘溫 | 義哲 |
| 明哲 | 性覺 | 斐欠 | □訥 | 仲亮 | | 印自 | 伓直 |

太和 法贊 □遠 一輝 仲活 戒特 性珠 戒宗

道性 元甘 □敏 一軒 斗安 性云 天順

双會 ㄱ玉 □海 坦一 竺ㄱ 戒連 敬輝 一尙

敏熙 ㄱ梅 □□ 溫□ 慈云 玉湖 □甘 淸允

義倫 ㄱ悟 □李 明甘 天敏 淸特 一應 處安

三海 一□ 印奇 彦圭 仅式 正㕣 行淳 元惠

坦海 尙熙 崟玉 思正 天洽 碩梅 義雄 印戒

宊湿 勝熙 印軒 敬訥 楚戒 仅寬 坦宝 熙善

道均 智玄 印敏 崟性 楚元 戒仁 印岑

道仅 性澄 慈敏 車閉 仅心 戒贊 仅湖 思印

**大方廣圓覺修多羅了義經 卷 5**

定略將軍權百鈞灵加朴末生兩主 李氏 安千世 李□加 金先男 緣化秩

方板大施主李京旭 全云陪兩主 命代 羅 紅 愛 今 韓汗陪 飯頭 玄甘

㐂介 丁冬乙里兩主 㐂介 金㐂守 姜 生 金 □ 熟頭 信親

供劵大施主全仇叱金 曾允卜兩主 尹洪男 金億世 斤 心 黃乭屎 秀眉

布施大施主旺舟卜 李春卜兩主 四月 河云立 朴貴生 莫介 後安

布施大施主尹希文 春合 保体 梓知 先介灵加 申 紅 李成春 省均

四階保体 汗春 保体 李談金 長右知 金文害 夫化 錬板 摩訶

李希必 田香保体文之灵加崔許叱文里姜男 李德成 解空

金風世 朴介好兩主 梁龍 金元年 姜冬乭屎 禮成 智正 法能

金大石 希今 保体 金從天 朴占伊 汗之灵加 金閔石 尙信 法淡

金大石　　希今 保体　金從天　朴占伊　汗之灵加 金閔石　尙信 法淡

文礼孫　洪茂生兩主　朴守卜　日　甘　金內ㄱ斤 金年卜　　仅均
金文里孫　金順卜兩主　崔彦世　白碧石　汗年　　申億守　㭙殿 玉暹
孫五世　李法田兩主　朴業金　李汗卜　金失玄　李卜礼 別座 祖松
內ㄱ伊　三介保体　金悳從　任冬乙叩 鄭天介　奴里介　　草彦
允今　　　　　烹板釜化主 崔益兩主 助緣 玉暹
法日 化主性林
李乭屎　　　　　末醬化主 安元亨兩主　天宝

萬歷三十有九年辛亥之夏智異山能仁庵刊移鎭于雙溪焉

**사진**　국립도서관, 송광사, 동국대

# 47. 禪門綱要集

연대 光海 3(1611)

소재 쌍계사, 송광사

서지사항 찬자미상.

木板. 四周單邊, 半郭 18㎝×13㎝. 無界. 10行 20字. 內向黑魚尾.

판심제 禪

합철 禪門寶藏錄

발 客訪余 余出此二解示之 客一覽而匿笑 余曰笑 何事乎

간기 化主性林

萬曆三十九年辛夏智異山能仁庵刊移鎭于雙溪寺

사진 국립도서관, 송광사

*발문의 찬자는 미상이나 합철된 선문보장록의 저자인 천책으로 추정됨.

# 48. 禪門寶藏錄

연대　光海 3년(1611)

소재　송광사, 동국대, 전남대, 충남대

서지사항　天頙(高麗)撰.

木版本. 4卷1册. 四周單邊, 半郭. 18㎝×12.6㎝. 半葉10行20字. 內向黑魚尾 25.4㎝×17.3㎝

판심제　禪上, 中, 下

합철　禪門綱要集

서　禪門寶藏錄序 … 海東沙門內願堂眞靜大禪師天頙

蒙且序至元卅年癸巳十一月日也(1293)

발　至元三十一年甲午三月日 蒙庵居士奉翊大夫副

知密直司事國學大司成文翰學士承旨 李混 跋

간기　萬曆三十九年辛夏智異山能仁庵刊移鎭于双溪寺

사진　국립도서관, 송광사

# 49. 浮休堂大師集

연대　光海 12년(1620)

소재　동국대

서지사항　善修著 ; 覺性(朝鮮) ; 熙玉(朝鮮) 共編

木板本, 5卷1册: 四周雙邊, 半郭 20.4cm×15.cm, 有界, 半葉 10行20字, 內向3葉花紋(間混黑)魚尾 ; 25.6cm×18.2cm

서　浮休堂集序 … 萬曆己未七月 日豊城後人盤桓子謹識(1619)

발　題重刊浮休集後 … 庚申七月五日

간기　浮休堂大師集卷之一

題重刊浮休集後 … 以爲詩 則非待文而傳者也 若其重刊之大略 非斯文 莫以知之夫 庚申 七月 五日

사진　동국대

# 50. 妙法蓮華經

연대 仁祖 14년(1636)

소재 국립도서관, 고려대, 규장각.

서지사항 鳩摩羅什 奉詔譯；戒環(宋) 解

木板本. 全7卷7册：揷圖, 四周單邊(一部分 四周雙邊) 半郭 21.7㎝×16.0㎝, 有界, 8行13字 註雙行, 上下內向黑魚尾；32.7㎝×21.6㎝

口訣本(一部分 筆寫)

판심제 法

서 妙法蓮華經弘傳序：終南山釋道宣(唐)述

妙法蓮華經要解序：及南(宋)撰 靖康丁未… 暮春中澣日謹序(1127)

간기 王妃殿下體英坤德纘懿天倫

主上殿下仁踰鮮網治踵結繩

世子邸下聰明日盛叡智時崇

崇禎九年丙子七月日慶尙道咸

陽地智異山君子寺開刊

禪德 戒翼 比丘

金弼 兩主

德礼 兩主

尹已云 兩主

申伎湯 兩主

釋文 比丘

知寺 太訔 比丘

三宝 戒禪 比丘

刋局 禪贇 比丘

鍊板 性暉 比丘 道甘 比丘

助役 戒眞 比丘 戒俊 比丘

**사진** 국립도서관

# 51. 釋門喪儀抄

연대 仁祖 14년(1636)

소재 동국대

간기 碧巖 覺性編

木板本. 2卷 1冊. 四周單邊, 半郭20.7㎝×17.5㎝. 有界. 10行字數不定, 註雙行. 內向黑·一·二葉混入魚尾. 28.3㎝×2 0.8㎝

서 大明崇禎丙子初日碧巖長老書于華嚴寺丈室中(1636)

발 丁酉 春 門人 白谷禪子 處能 謹再拜 書于七佛菴中云爾

간기 丁酉 春 門人 白谷禪子 處能 謹
再拜 書于七佛菴中云爾 澄光寺
開板
施主秩 法正 禪戒 欽密 靈俊 弘海 守一 性信 慧信
正安 碩閑 天日 敬眼 天習 大日 大益 靈機
義諫 淸坦 淸眼 鉠板 妙英 刻字 頒行

사진 동국대

# 52. 靑梅集

연대　仁祖 14년(1636)

소재　통도사, 전남대

서지사항　印悟 著.

木板本. 2卷1册: 四周單邊, 半郭 20㎝×15.5㎝. 有界. 半葉 9行 16字. 頭註, 註雙行, 內向三葉花紋魚尾; 30.7㎝×19.6cm

판심제　靑梅集

서　崇禎辛未臘後一日 月沙老人書(1631)

발　靑梅大師詩文跋 … 崇禎辛未暮春下浣 纍人錦城寄齋書

崇禎六年癸酉三月日智異山靈源弟子雙運謹誌(1633)

간기　崇禎九年正月日梁山通度南庵鏤板傳於智異山君子寺

사진　동국대

# 53. 勸念要錄

연대 仁祖 15년(1637)

소재 고려대, 규장각, 화엄사

서지사항 普雨 撰 懶庵 撰.

木板本. 1册(35張) : 四周單邊 半郭 20.5㎝×16.3㎝, 有界, 9行16字 註雙行, 上下內向2葉花枚魚尾 ; 26.8㎝×20.7㎝

판심제 勸念錄

간기 崇德二年秋七月初吉日求禮地華嚴

寺開刊

自施刊 海淳比丘

# 54. 勸修淨業往生捷徑圖

연대 仁祖 18년(1640)

소재 쌍계사

서지사항 판크기 39×79×5×44.5×5×3㎝

간기 崇禎十三年九月日慶尙道晋州地智異山靈源菴開板

사진 朴相國,『全國寺刹所藏木板集』, 文化財管理局, 1987, 338쪽.

## 55. 註釋迦如來成道記

연대 孝宗 6년(1655)

소재 국립도서관, 동국대

서지사항 道誠 註

木板本. 1册(58張). 四周單邊, 半郭19.8㎝×14.5㎝. 有界. 半葉11行19字. 內向黑·二葉混入魚尾. 27.5㎝×18.2㎝

판심제 成

서 時大宋景祐元年仲春旣望序 崔育千 述(1034)

간기 順治十二年乙未夏智異山燕谷寺開板

□都大禪師覺性 禪德一雄 禪德勝海 禪德智演 禪德慧寬

自信 仁澤 惠試 如印 玄照 敬學 戒繁 英徽 望敬 竺術 釋宗 海明 月林 廣惠 元坦 希洽 道天 印暹 善行

印器 幸淳 一森 敬軒 一輪 信安 呂井 性濱

玄悟 一㚖 會明 天印 善裕 學軒 道眞 道明

勝濱 善熙 性燐 德器 德湖 眞勒 處遠 惠贇

李貴世 李壬生 李承白 朴士男 孫以明 金德男 孫淑男

金河云 姜丁男 金於屯 張大立 李俊□ 白□山 □□□

鍊板 神應比丘

刻字 竺信比丘 英益比丘

書寫 明晏比丘

供養主 守學比丘
化主道英比丘
(가로순)

**사진** 국립도서관

**이칭** 錢唐月輪山居慧悟大師賜紫道誠註釋迦如來成道記, 釋迦如來成道記註

# 56. 佛說四十二章經註·佛遺敎經註

연대 孝宗 9년(1658)

소재 국립도서관

서지사항 守遂 著 ; 了童(明) 補

木板本. 50張 : 四周雙邊 半郭 20.9㎝×14.4㎝, 10行20字, 無魚尾 ; 27.7㎝×18.4 ㎝

합철 佛遺敎經註

발 重刊四十二章遺敎二經跋 … 方丈沙門目允題

간기 崇禎後戊戌淳和上元日方丈沙門目允題

山中碩德太暉 比丘

太欽 比丘

端肅 比丘

捨財願刻 斗牛 比丘 刻員 李泰業

少者 德望

慶尙道晉陽智異山三莊寺重刊

사진 국립도서관

# 57. 妙法蓮華經

연대 顯宗 6년(1665)

소재 동국대, 영남대

서지사항 戒環(宋)解.

全7卷7册：插圖, 四周單邊 半郭 25.0㎝×16.3㎝, 無界, 10行18字, 上下下向黑魚尾；30.0㎝×20.7㎝

판심제 妙法

서 妙法蓮華經要解序：靖康丁未及南(1127)

妙法蓮華經弘傳序：道宣 述

간기 主上三殿下壽萬歲 干戈息靜 法界含靈 法輪常轉 同圓種智

大禪師惠雄比丘 施主秩 刊刻道信 緣化秩
大禪師覺日比丘崇惠 李命憲兩主 信主 別座道元
禪師德奇 曇湖 崔海龍兩主 法祥 供養主海全
和尙淡澄 元應 守哲比丘 香印 勝閑
持殿戒英 性岑 章日得兩主李榮發 鍊板性元
道默 宗和 徐內ㄱ祥兩主 熙侃 書記唯洽
道天 法淨 章泰生兩主 印輝 持寺信忄衣
淡印 玉淨 覺元 宗稔 三綱智贊
淡連 惠安 勝文 首僧祖信
印空 智明 淨坦僧絢 化主淸贊

康熙四年乙巳五月日慶尙道安陰德裕山靈覺寺重刊

**사진** 동국대

# 58. 妙法蓮華經

연대 肅宗 11년(1685)

소재 동국대, 김무조

서지사항 戒環(宋)解.

全 7卷7册 : 四周單邊 半郭 22.8㎝×16.3㎝, 無界, 半葉10行18字, 下向(黑 1, 2, 3)葉花紋魚尾 ; 34.1㎝×22.3㎝

판심제 妙法

서 弘傳序 : 終南山釋道宣(唐)述.

要解序 : 靖康丁未暮春中澣日沙門及南(宋)謹序(1127)

발 康熙二十四年乙丑五月日蓬萊山人楓溪謹跋(1685)

간기 **妙法蓮華經卷 1**

願以此功德　奉爲

主上三殿下壽萬歲天下太平法輪轉三界衆

生同攺淨土同聞正法同化衆生

康熙二十四年乙丑仲夏日慶尙道咸陽地智異山

安旺寺新刋留鎭

蓮經大施主正月兩主 蓮經大施主嘉善妙見比丘

供養大施主宗和比丘記付 亡父吳屹立亡母毛乙老兩主灵駕

鐵物大施主朴希卜兩主 印玄比丘

板子施主守元比丘

覺熙比丘 琢浩比丘 惟湜比丘 淨贇比丘 李一先兩主 覺運比丘
施主曺□赫兩主 姜英進兩主 姜希盟兩主 姜連哲兩主 李守命兩主
金海守兩主 鄭守昌兩主 蘇二奉兩主 金淡沙里兩主 金弘兩主
緣化秩
證師 文玉比丘 鍊板能遠比丘
供養主 海英 冲益　別座 元莊
大化士信涵 副化士 陳戒
詢 引勸 文安比
三綱 淨海 德眞 文軒
時和尙通改 坦機比丘 持處 信寬
刻字秩 楨坦 朴必云 彐海 自修 善淡 善亶 宗遠
法梒 振英 性特 應岩 綵侃 順一
校正竹溪堂大師僧絢

(畵記)
主上三殿下壽萬歲
通政廣俶比丘爲母礼仅灵駕
供養 文坦比丘 鍊板仅寬比丘
訂師 文玉 劵主 能惠
別座 廣隱 化士信涵

**妙法蓮華經卷 3**

板施主 卓浩 比丘

妙法蓮華經卷 4

板施主 印淡 比丘

妙法蓮華經卷 5

五卷大施主 宗和比丘 記付

亡父吳屹立灵駕毛乙老兩主灵駕

妙法蓮華經卷 7

大禪師律戒比丘 通政全一奉兩主 廣云比丘

大德明定比丘 卓峻比丘 元鑑比丘

大德復還比丘 通政冲侃比丘 自欽比丘

明眼比丘 冲悅比丘 思悟比丘

哲倫比丘 依律比丘 道澄比丘

妙闇比丘 沙瑫比丘

卓瓊比丘

印淡比丘

通政梁春龍兩主

施主秩 尚俊比丘

姜義邦兩主 灵卞比丘

白愛另兩主 体仁比丘

嘉善李大元兩主金尙必兩主

處雄比丘 海澄比丘

天瑫比丘 智明比丘

宋礼奉兩主　通政竺明比丘
嘉善一宗比丘　海均比丘
天思比丘　　通政林仁達比丘
極玄比丘　　通政一香比丘

本寺老德惠天比丘
本寺老德義天比丘
前和尙嘉善訂戒
前和尙一謙

校正竹溪堂大師僧絇比丘

**사진** 동국대

# 59. 金剛般若經疏論纂要刊定記會編

연대 肅宗 12년(1686)

소재 동국대

서지사항 鳩摩羅什(秦)譯, 宗密(唐) 疏, 雋覺 校. 性聰 編.

木版. 2卷1冊. 四周單邊, 半郭 20.6㎝×15.1㎝. 半葉10行20字, 注雙行. 小黑口. 29.6㎝×18.2㎝

판심제 金剛般若經疏記會編

서 康熙甲辰歲仲夏之吉荊溪後學行策書於武林之河渚草堂(1664)

丙寅四月前安居日後學性聰書于栢庵禪室中(1686)

간기 丙寅四月前安居日後學性聰書于栢庵禪室中

# 60. 大方廣佛華嚴經疏

연대 肅宗 12년(1686)

소재 동국대, 고려대

서지사항 澄觀(唐) 述 ; 淨源(晋) 錄

木板本. 2卷1冊 : 四周單邊, 半郭 20.3㎝×16.3㎝, 有界, 半葉 6行15字, 註雙行, 內向混葉花紋魚尾 ; 32㎝×20.7㎝

판심제 華嚴

서 康熙二十五年丙寅五月日德裕山靈覺寺

간기 **大方廣佛華嚴經疏 卷 46**

施主金仗數里妻欣德 施主趙俊兩主 施主金順鼎兩主
施主徐仁學兩主 金吉亨兩主 高元赫兩主 韓處霖兩主
趙璞 金旺富兩主 女丁非 康希傑 高末孫 李樹生
崔永根 康性栦 朴万石 宋补還 金元 姜應貞
金貞雨 金貞旺 金貞守 白仁元 女界非 女丹加伊 女訥非
李三元 金內卩孫 朴蘭秀 直知元 女栦非 女栦今
金處卜 金世 女無時 李元宗 女性生 文般加伊
女性合 坦与劉山旺
旺安寺孛日

咸從洪恕兩主 韓石良 女四和 糸仃德金白鈞 景栦弼

金鼎弼 徐能必 徐壽雲 劉於山 韓彦俊 吳莫石
龍□盧德亨 宋成厚記付宋仲刪灵駕
任終金記付任終赫灵駕 施主李哲孫記付女甘時灵駕
韓進礼 韓明礼 宋龍水 文世積 李末乙玄
洪云弼 洪彦良 邊壽丁 李德龍記付女宿非灵駕
女無明記付盧撿碩灵駕 金多孫記付女順非非灵駕
性淳記付界旭女孝明灵駕 金乭伊李白守記付李枝光灵駕
勸化兼大施主 信仁 勸化 學能
化士　能珠 化士 熙元
幹善道人 釋熙

**大方廣佛華嚴經疏 卷 102**

| | | | |
|---|---|---|---|
| 供養施主 金夢吉 | 申銀伊 | 玉能比丘 | |
| 銀德兩主 金貴世 | 金承卜 | 金莫龍 | |
| 宋立金 | 三　月 | 性日比丘 | 姜克男 |
| 竺宏比丘 | 學文比丘 | 朴令金 | 林千敏 |
| 盧希守 | 趙戒益 | 尹戒生 | 梁正鐵 |
| 林㐀金 | 林傑伊 | 金太生 | 海金比丘 |
| 夫守田 | 曺淂龍 | 金成海 | 金永男 |
| 金孟先 | 朴順男 | 崔銀卜 | 金應淂 |
| 德　□ | 朴學伊 | 李忠彔 | 金命目 |
| 銀　伊 | 姜厚男 | 莫德 | 內ㄱ介 |

**大方廣佛華嚴經疏 卷 113**

　　鐵物大施主朴亳桀里 兩主
大施主成發兩位
大施主崔奇男兩主　　行演
大施主双玄比丘　　　順軒
大施主學支比丘　　　學元
大功德主天浩比丘校正刻弘彦比丘

**大方廣佛華嚴經疏 卷 114**

池四男　德伊
一玉
玄一　　金云柱
性行　　銀從
印贇　　金莫孫
釋海　　金命山
智崇　　金日永
戒心　　金銀介
義玄　　吳三同

大施主崔龍起兩主 朱戒中 佛言 □熙 監甘
　　田軍石　　　□云　戒熙 仅見 道允

| | | | | |
|---|---|---|---|---|
| 田泰雲 | 云熙 | 玄柟 | 崔贇 | 靈行 |
| 韓眞善 | 性云 | 智衍 | 志坦 | 靈元 |
| 伽都致 | 道崇 | □淳 | 玉玲 | 靈雨 |
| 女椳非 | 道菴 | | 三淸 | □云 |
| 三月 | 道言 | 了見 | 性會 | 靈云 |
| 生令 | 智賛 | | 法宗 | 法惠 |
| 智淳 | 祖仅 | 能仁 | 信熙 | 信寬 |
| □□ | 玉熙 | 守仁 | 釋訓 | 法熙 |
| | | 大化士 | | 能珠 |

# 61. 大明三藏法數

연대 肅宗 16년(1690)

소재 송광사, 규장각, 국립도서관

서지사항 一如(明)等 奉勅 集註.

木板本. 5卷 1册(卷 46~50). 四周雙邊, 半郭 22.1㎝×15㎝. 有界. 半葉 10行 20字. 雙行. 上下向二葉花紋魚尾. 30.5㎝×20.2㎝

서 庚午性聰(1690)

간기 **大明三藏法數 卷 49**

曇翼 伋堅 天雲 敏聰 文卞 仅訓
詳惠 宗悅 敬訓 信性 雪淡 太淳
康熙二十九年庚午四月日慶尙右道咸陽地白雲山
靈隱寺開刊宗遠化主振雄

**大明三藏法數 卷 50**

振文
大明三藏法數卷第五十 哲梅
元俊 惠英 就嚴 太訔
雪梅 處林 楚淳

| | | | |
|---|---|---|---|
| 自旨 | 敏習 | 自安 | 惠文 |
| | 宗云 | | 戒善 |
| 引勸哲梅 | 惠日 | 玄淨 | 海淨 |
| | 雪玉 | 覺倫 | 偉玄 |
| | 文玄 | 神海 | 鍊暉 |

**사진** 국립도서관, 송광사

# 62. 大乘起信論疏筆削記會編

연대　肅宗 21년(1695)

소재　동국대, 고려대

서지사항　馬鳴(天竺)造, 眞諦(梁)譯, 法藏(唐)述疏, 子璿(宋)錄記, 性聰 會編

木板本. 4卷 4冊. 四周雙邊, 半郭 20.5㎝×16㎝. 有界. 半葉 10行 21字. 註雙行. 大黑口. 29.5㎝×20㎝

판심제　論

합철　附 六離合釋法式通關

서　康熙乙亥重陽月栢庵病老性聰書(卷 1)

간기　**大乘起信論疏筆削記會編 卷 1**

康熙乙亥重陽月栢庵病老性聰書
士元書　鷲眼校　三機重証

**大乘起信論疏筆削記會編 卷 2**

本寺　緣化　金海云
守英　信敏　信正
天輝　哲明
海敏　神眼

廣輝　六澄
懷甘　守英
普元　智和
性修　義存
義初　元甘
一行　性閑
　利秋

振雄
別座 雪淡
都監 智元
　勝寬
化士 證悟
　性能
康熙乙亥 智異山雙溪寺開刊　校對秋眼

**사진** 동국대

# 63. 六離合釋法式通關

연대 肅宗 21 (1695)

소재 동국대, 쌍계사

서지사항 失造論及譯人名 蜀沙門 明昱通關

木板本. 四周單邊 半郭 20.5㎝×16 ㎝, 有界, 10行 21字

판심제 六釋論

합철 大乘起信論疏記會編의 附

간기 康熙乙亥智異山雙磎寺開刊

(*大乘起信論疏記會編 卷 二 간기에 의함)

사진 동국대

# 64. 緇門警訓

연대 肅宗 21년(1695)

소재 동국대, 성암문고, 원광대

서지사항 如卺(明) 著 ; 性聰(朝鮮) 註 木板本

1卷1册(全 3卷3册) : 四周雙邊, 半郭 20.2㎝×15.2㎝, 有界, 半葉 10行20字, 註雙行, 上下黑口 ; 31.1㎝×20.8㎝

합철 緇門

서 康熙乙亥中秋日栢菴沙門性聰識(1695)

간기 緇門警訓卷上終

緣化　尙江 最初 刻員

信敏　釋還 智益 明淨

振雄　義心 勝還 朴仁發

敏悟　忠輝 應若 敬敏

玉輝　釋訓 太英 印浩

信淨　海英 信一 善丹

金海云 坦然 文粲 思侃

化主　玄敏 坦裕 雪寒

都監判事智元 勝寬 敏甘 麗瑊 善旭

玄眼書　唯克　明卓 絇天 順學

秋眼校　性能　斗牛 贊和 敏惠

三機重證　一行　祖明 道熙

緇門集註下

緇門警訓 卷下

海東 釋性聰註

緇門警訓續集終

供養主學眞

鍊板 振雄

前判事都監 智元

別座 雪淡

康熙乙亥晉州智異山雙磎寺開刊 化主性能

사진 동국대

# 65. 華嚴懸談會玄記

연대 肅宗 21년(1695)

소재 장서각, 동국대, 원광대

서지사항 普瑞 集.

木板本. 1册(全 40卷 10册). 四周雙邊 半郭 21.7㎝×14.8㎝, 10行 20字 上下黑口 29.8㎝×19.3㎝

판심제 會玄記

서 康熙乙亥中秋初吉栢庵沙門性聰書

발 康熙乙亥初夏栢庵沙門性聰跋

간기 康熙乙亥智異山雙溪寺開刊(卷34末)

板留于智異山雙磎寺 大化士性能比丘(卷40末)

**華嚴懸談會玄記 卷 4**

比丘法贇施租十石助刊

**華嚴懸談會玄記 卷 5**

自認比丘租十二石助刊 比丘智元租五石助刊 性修四石助刊

曺應租三石助刊 比丘一行租六石助刊

嘉善大夫金順龍租六石助刊

**華嚴懸談會玄記 卷 6**

比丘自認施租十五石助刊 勝俊施租五石助刊

**華嚴懸談會玄記 卷 16**

崔奉伊板子二十

**華嚴懸談會玄記 卷 19**

嘉善熙絢五石租助刊

**華嚴懸談會玄記 卷 26**

金順亨施牛畜助刊

華嚴懸談會玄記 卷 33

幼學李梃華十六石施刻

華嚴懸談會玄記 卷 34

李金水沓三斗落只施刻

朴氏朱良

都監智元

康熙乙亥智異山雙溪寺開刊　化士勝寬性能

華嚴懸談會玄記 卷 36

雙識爲亡父母李卓礼先施租四石助刊

華嚴懸談會玄記 卷 40

板留于智異山雙磎寺 大化士性能比丘

折衝將軍 前僉使 趙廷彦 施錢五兩爲雙親助刻

張堅鐵施銀租三兩助刊 居士金杜奉施租四石助刊
前司果李孝元施錢五兩助刻 李庚申金業伊李氏末伊
比丘自認施租十五石 比丘法贇施租十石
比丘瑞明沓三斗落只 李金水沓三斗落只
加設同知金順龍租六石 同知中樞院事李繼相五石
比丘熙絢五石 比丘智元租六石
比丘一行租五石 同施助刻 節衝金禹高爲母朴氏
(이하 가로순)
山中老 天輝 守英 大惠 海敏 義初
時 住持 懷監 首僧 勝玄 三宝 法閑 典座 秋淡 書記 普元 持殿 應哲
刻工
圓敎 明淨 敬敏 順學 絢天 文粲 印湖 思間 坦連 坦袷 哲性 釋明
處元 順行 海英 冲暉 最初 明卓 敏惠 太英 道熙 信一 善旭 玄敏
炊飯 六澄 敏悟 學眞 妙印 來往 守英 義存 鍊板 信敏 哲明 振雄
校正 三機 別座 雪淡 乾祖 神眼
化士 勝寬 都監前行判事 智圓

사진 동국대, 장서각

# 66. 湖南道求禮縣智異山大華嚴寺事蹟

**연대** 肅宗 23년(1697)

**소재** 동국대, 국립도서관

**서지사항** 性聰(朝鮮) 編, 木版本

不分卷1册 : 四周雙邊, 半廓 27.2㎝×22.7㎝, 有界, 半葉 11行20字 註雙行, 上下內向黑魚尾 ; 34.4㎝×25.6㎝

**판심제** 華嚴寺蹟

**간기**

本寺秩

山中老德 如照
天應
慈敬
山中老德 守白
大師 定心
應□
大師 鏡□

卯岑
玉梅
就敬
三仰
沖習
卓守
一還
就日
智明
性眼
一梅
可諶
可全
應敏

兼教宗判司□□□□都摠攝赤裳山城扈衛都摠攝

通政大夫　　　　　　　　　卓森

　　　　　　　　　　　　　錬贊

湖南都摠攝　　　　　　　　淨暉

金城　僧將前住持普天　　　弘淨

　　　　　　　　　　　　　戒希

雲峯碑殿僧將前住持卯閑　　心卯

雲峯碑殿僧將前住持幸一　　眞一

　　　　　　　　　　　　　眞淨

金城　僧將　明眼　　　　　一彦

　　　　　　　　　　　　　石希

通政大夫　慈善　　　　　　德宗

　　　　　　　　　　　　　順寬

雲峯碑殿僧將前住持應還　　卓淳

　　　　　　　　　　　　　太運

雲峯碑殿僧將　住持雪心　　戒哲

雲峯碑殿僧將　戒玄　　　　戒垣

　　　　　　　　　　　　　眞湜

雲峯碑殿僧將　熙善　　　　省湜

雲峯碑殿僧將　戒芳　　　　妙眼

　　　　　　　　　　　　　淸惠

雲峯碑殿僧將　雪聰　　　　必嘿

　　　　　　　　　　　　　眞洽

湖南摠攝　廣衍　　　　　　戒海　性軒　尙敏

| | | | | |
|---|---|---|---|---|
| | | 惠哲 | 厚頂 | 弘軒 |
| 山中老德 | 英淑 | 弘信 | 德天 | 卽連 |
| 前住持 | 義淨 | 弘密 | 良洽 | 大悟 |
| | | 捧善 | 文淨 | 德寬 |
| 山中老德前住持尤珪 | | 心鏡 | 偉欠 | 益善 |
| 全州威鳳僧將錬心 | | 宗卞 | 元惠 | 通敏 |
| | | 貞益 | 惠英 | 心覺 |
| 雲峯碑殿僧將弘垣 | | 信暉 | 宗善 | 乃眼 |
| | | 戒侃 | 月林 | 融僅 |
| 雲峯碑殿僧將心惠 | | 應暹 | 忍習 | 善一 |
| | | 弘玄 | □達 | 時垣 |
| 雲峯碑殿僧將彩奇 | | 心淨 | 惠宗 | 處云 |
| 雲峯碑殿僧將勝悅 | | 卽暉 | 貞性 | 尙行 |
| | | 孝言 | 惠峯 | 法融 |
| 嘉善大夫 | 玄克 | 妙軒 | 卽文 | 克垣 |
| | | 偉諶 | 大允 | |
| | 三律 | 守行 | 色心 | 士澄 |
| | 神一 | | | |
| | 弘忍 | | | |
| 山中老德住持 | 天勝 | | | |

助緣　處玄

省悟

嘉善大夫前住持卞哲

刻字　順學

李仁達

元密

三綱　省聰

眞侃

康熙三十六年丁丑三月日開刊

# 67. 現行西方經

연대　肅宗 35년(1709)

소재　동국대

서지사항　元昰錄, 明眼 集

不分卷1册 : 四周雙邊, 半郭 19.9㎝×15.0㎝, 有界, 半葉 10行18字 註雙行, 上下內向 二葉花紋魚尾 ; 28.7㎝×19.2㎝

합철　現行法會禮懺儀式

간기

敬軒
元惠
現行西方經終　道安
施主秩　金儀己　金氏水花　盧海奉
慶熙　李玉立　朴貴萬　朴龍軒
在益　金善一　李一奉　朴敏奉
敬安　元湜　尹得申　黃己云　文戒聖
淨天　見益　朴順發　黃萬貴　呂信
敏頓　金河水　朴順白　金鶴只　祐還
悟本　金河進　金奉伊　嚴生男　守良
化士明眞道人鏡玲 沙彌端肅 沐身盥手敬
書七十一問答 現行
眞訣 願以微因滅罪 而
生淨刹 抑亦父母師長
法界含生 俱生淨土者

康熙己丑冬 嶺南江右河東雙磎寺開刊

**사진** 동국대

**참고** 禪學苑 편집실, 『現行西方經』, 禪學苑, 2006.

# 68. 般若波羅蜜多心經略疏連珠記會編

연대　肅宗 36년(1710)

소재　국립도서관

서지사항　法藏 述疏；師會 述記；明眼 會編

木板本　2卷1冊：圖, 四周單邊, 半郭 20.5㎝×14.9㎝. 10行20字, 內向二葉花紋魚尾(~間混黑魚尾)；30.2㎝×20.2㎝

서　般若波羅蜜多心經略疏般若心經疏記會編序

康熙龍集丙戌 仲秋日 海東 無用沙門 秀演 謹序

발　淸康熙龍集乙酉 仲秋日 海東石室沙門 明眼 謹編

간기　**般若波羅蜜多心經略疏連珠記會編 卷 1**

施板比丘偉澄靈駕　監工　刻字　引勸

金吾一爲母一眞　三特　括稔　贊翼

金漢世 供養施主 慶衍　端義　文演

金漢儀　廓修

鍊板善惠　鍊板學淳 達敏

曇彦

般若波羅蜜多心經略疏連珠記會編 卷 2

願以此功德 伏祝

王妃殿下壽齊年

主上殿下壽萬歲

世子邸下壽千秋

寰海澄清佛日明 同願隨喜檀那衆

天下太平法輪轉 當登覺岸現增壽

校證諸德 都監 明眞道人 鏡玲

無用秀演 引勸兼校對 圓照太暉

喚惺志安 助緣 喩指大鈞

助緣 雪順 九還

大施主自認 義明 功德刻員

思衍 普還 玄敏

慶熙 思善 釋坦

雙密 三惠 淸演

忠卓 普淨 德明

幸元 淨岑 鍊板能軒

學莊 供養主 居士大云

方壺沙彌端肅 謹書 於七佛院 願以秉筆微

因 當入慧光三昧 照見蘊空而遊戲寶陀嵒上

康熙 庚寅夏 慶尙江右河東府地 智異山雙磎寺 開刊

**사진** 동국대

# 69. 現行法會禮懺儀式

연대　肅宗 36년(1710)

소재　동국대

서지사항　元昰 錄, 明眼 集

不分卷1册 : 四周雙邊, 半郭 19.9㎝×15.0㎝, 有界, 半葉 10行18字 註雙行, 上下內向二葉花紋魚尾 ; 28.7㎝×19.2㎝

합철　現行西方經(앞의 1709년 간기 참조)

서　重刻現行經序 … 康熙己丑季秋落帽日海東石室沙門 明眼書

간기

| | |
|---|---|
| 大禪師 | 刊刻　本寺秩 |
| 石室明眼 | 智益　懷俊　世岑　慶林 |
| 　宗勒 | 括捻　靈祐　熙悅　三印 |
| 　慧詧 | 卓梅　太泗　屹察　貫天 |
| | 見學　卓連　景仁　淨見 |
| | 端儀　懷浲　文聖　會元 |
| 主上三殿下壽萬歲 | 供養主道成　助役　守安 |
| 國泰民安法輪轉 | 鍊板學淳　允玉 |
| | 大功德主鏡玲 |

康熙四十九年庚寅正月日開刊于七佛寺

사진　동국대

# 70. 妙法蓮華經

연대 肅宗 38년(1712)

소재 규장각

서지사항 戒環(宋) 解

木板本. 1册(60張) : 揷圖, 四周單邊 半郭 20.8cm×16.2cm, 有界, 8行13字, 板心 : 上下黑魚尾 ; 32.0cm×23.0cm

서 妙法蓮華經弘傳序…道宣述.

妙法運華經要解序…靖康丁未…及南撰(1127)

간기 崇禎元年丙子七月日 慶尙道咸陽智異山君子寺開刊

## 71. 因明入正理論解

연대 肅宗 40년(1714)

소재 국립도서관, 동국대, 고려대 계명대 규장각

서지사항 商迦羅主(印度) 造; 玄奘(唐) 譯 ; 眞界(明) 集解.

木板本. 1册 : 四周雙邊 半郭 22.3㎝×15.0㎝, 有界, 10行20字, 下黑口, 無魚尾 ; 29.0㎝×19.8㎝

합철 注華嚴法界觀門

서 萬曆己丑五月二十一日秀水眞實居士馮夢禎題(1589)

後序 : 萬曆庚寅仲春晦日沙門眞界跋(1590)

중간발 崇禎後癸巳陽月日海東曹溪山沙門無用秀演題(1653)

간기 願 諸觀者莫怪漏名助緣雖少當此大無斗施爲

上斗半爲下下者下板上者上板上下同成幸莫大焉

山中大禪師敬靜比丘 本寺秩

清徹 老德嘉善淸運比丘

坦天比丘 智英比丘

志安 時住持通政善亶比丘

定慧 前住持通政幸旹比丘

性澄比丘

刻手秩　　一澄

覺宗願刻六板　　三綱　　覺淸 比丘

瑞淸願刻十板　　懷順

雪森願刻三板　　鍊板 慕性 比丘

□萬必功德二板

施板覺淸比丘

浮板朴変山兩主　　助緣兼校 印湛 比丘

康熙五十三年甲午光春日慶尙道山陰智異山王山寺開板

**사진** 국립도서관

# 72. 注華嚴法界觀門

연대　肅宗 40년(1714)

소재　국립도서관, 동국대, 장서각, 고려대.

서지사항　杜順(陳) 造；宗密(唐) 注

木板本. 65張：四周雙邊 半郭 22.7㎝×14.9㎝, 有界, 10行20字 註雙行, 無魚尾；28.3㎝×19.9㎝

판심제　華嚴法界觀

합철　因明八正理論解

서　唐綿州刺史裵休述

중간발　崇禎後癸巳陽月日海東曹溪山沙門無用秀演題(1653)

간기

施主秩　　本寺秩
爲薦父母嘉善勝衍比丘　時住持通政幸言比丘
嘉善懷泂　前住持通政善亶比丘
廣淳　斗森
處明　三綱　麗諶
朴仁望兩主　一澄
海天　老德嘉善淸運
雙學　老德　智英
六暹　板材施主朴卞山兩主
佛國寺通政惠林比丘 鍊板　慕性

通政懷認　助緣　覺清

幸律 爲薦父母功德願刻瑞輝比丘

山中大禪師淸徹比丘 引勸兼校 印湛

山中大禪師坦天比丘

康熙五十二年癸巳孟秋日慶尙道山

陰智異山王山寺開刊

**사진** 국립도서관

# 73. 現行西方經

연대 肅宗 40년(1714)

소재 국립도서관

서지사항 元旵 著, 明眼 集

목판본. 1册 : 揷圖, 四周雙邊 半郭 20.3㎝×14.8㎝, 有界, 10行16字, 內向花紋魚尾 ; 27.9㎝×18.8㎝

판심제 現行經

합철 現行法會禮懺儀式

발 現行經跋 崇禎後甲午仲秋日一菴萬廻跋(1714)

現行經跋 皇明正統十三年戊辰五月日禪判都大禪師少言跋(1448)

구간기 康熙己丑冬領南江右河東雙磎寺開刊

康熙四十九年庚寅正月日開刊于七佛寺

간기 崇禎後甲午仲秋日一菴萬廻跋

大元成宗大德二年戊戌元旵錄經卽高麗忠宣王元年也自戊戌

歷一百五十年至大明 英宗正統十二年丁卯刻於直旨卽本朝

世宗二十九年也自丁卯歷八十五年至 穆宗嘉靖十年辛卯戒熙

智鑑與大禪師自印刻於七佛卽

中宗二十六年也自辛卯歷一百八十年至大淸康熙四十九年庚寅再

刻七佛卽

聖上三十七年也

**참고** 禪學苑 편집실, 『現行西方經』, 禪學苑, 2006.

**사진** 국립도서관

# 74. 佛說壽生經

연대 肅宗 43년(1717)

소재 화엄사, 규장각

서지사항 藏川(唐) 述

木板本. 四周單邊 半郭 19.6㎝×14.1㎝, 有界, 8行16字

판심제 生七

합철 佛說壽生經；水月道場空花佛事如幻賓主夢中問答

서 月巖慧能

後跋

간기 校正 慧能

化主 登階順學比丘

康熙五十六年丁酉十二月日 智異山華嚴寺開刊

# 75. 金剛般若波羅蜜經

연대 肅宗 44년(1718)

소재 화엄사

서지사항 鳩摩羅什(姚秦) 奉詔譯

木板本. 四周單邊 半郭 18.2㎝×13.2㎝, 無界, 8行17字, 內向黑魚尾

판심제 金

간기 主上殿下壽萬歲

施主道□碩俊□一惠英

化士 登階順學比丘

崇禎後再戊戌四月日求禮

華嚴寺開板

참고 朴相國,『全國寺刹所藏木板集』, 文化財管理局, 1987, 265쪽.

# 76. 佛說四十二章經註

| | |
|---|---|
| 연대 | 肅宗 44년(1718) |
| 소재 | 국립도서관, 고려대 |
| 서지사항 | 迦葉摩騰(後漢) ; 竺法蘭(後漢) 同譯 ; 了童(?) 補註<br>木板本. 1冊 : 四周雙邊 半郭 21.5㎝×14.0 ㎝, 有界, 10行20字, 無魚尾 ; 27.2㎝×18.9㎝ |
| 합철 | 佛遺教經註 |
| 발 | 崇禎後戊戌淳和上元日方丈沙門目允題 |
| 구간기 | 大明慈聖宣文明肅皇太后刊<br>板在金臺西直門裏以南永祥寺(중국) |
| 간기 | 崇禎後戊戌淳和上元日方丈沙門目允題<br>山中碩德太暉 比丘<br>太欽 比丘<br>端肅 比丘<br>捨財願刻斗牛 比丘 刻員 李泰業<br>少者德望<br>慶尚晉陽智異山三莊寺重刊 |
| 사진 | 국립도서관 |

# 77. 佛說預修十王生七經

연대 肅宗 44년(1718)

소재 화엄사, 규장각

서지사항 藏川(唐) 述

木板本. 1冊(55張) : 揷圖, 四周單邊 半郭 17.8㎝×15.1㎝, 有界, 8行15字 註雙行, 上下內向黑魚尾(板式不同) ; 22.0㎝×19.0㎝

합철 佛說壽生經, 水月道場空花佛事如幻賓主夢中問答

간기 崇禎後九十一年四月日 全羅道求禮智異山華嚴寺開刊

# 78. 佛說壽生經

연대　肅宗 46년(1720)

소재　규장각

서지사항　木板本. 1冊(12張) : 揷圖, 四周單邊 半郭 18.0㎝×13.5㎝, 有界, 8行17字, 上下內向花紋魚尾 ; 25.0㎝×16.5㎝

합철　佛說預修十王生七經·水月道場空花佛事如幻賓主夢中問答

서　崇禎紀元之後赤 慧能(1717)

간기　康熙五十九年庚子三月日安陰靈覺寺化主雷善開板

# 79. 百愚隨筆

**연대** 景宗 1년(1721)

**소재** 동국대

**서지사항** 明眼(朝鮮) 著

木板本. 不分卷1册(28張) : 四周單邊, 半郭 17.8㎝×13.6㎝, 有界, 半葉 8行18字, 註雙行, 內向1葉(間混2葉)花紋魚尾; 22.0㎝×16.6㎝

**서** 壬寅 姤月下澣 晉陽 河世應題

**발** 方丈寓人 申命耉題

**간기** 上之元年辛丑秋社日方丈寓人申命耉題

| 助刻 | 三藏門人 | 雙磎寺門人 |
|---|---|---|
| 水月大禪師定慧 | 灝禪　灝然 | 文信　後成 |
| | | 文習　後禪 |
| 栖鳳寺長老忠卓 | 都 道衡　和卞 | 文震　脫信 |
| | 監 | 贇機　脫聞 |
| 僧統 玄敏 | 和仁 揔敬 | 贇翼　脫玄 |
| | | 後世　脫熏 |
| | 和俊 | 後敬　遇安 |
| | 刻字 省圭 | 鍊板　修鏡 |

**사진** 동국대

# 80. 水月道場空花佛事如幻賓主夢中問答

연대 景宗 1년(1721)

소재 동국대, 화엄사, 규장각

서지사항 懶菴 集

木板本. 1冊(14張). 圖. 四周雙邊, 半郭19㎝×15㎝. 有界. 半葉10行 18字. 內向一葉花紋魚尾. 25㎝×18.5㎝

판심제 作觀說

합철 佛說預修十王生七經, 佛說壽生經, 水月道場空花佛事如幻賓主夢中問答

서 鐫刻證師圓觀儀軌序

康熙六十辛丑閏季夏曹溪沙門霜月璽封序(1721)

간기 大禪師 喚惺志安

影海若坦

南岳泰宇

隱峰智明 等

奉爲 住持 偉性

主上三殿下壽萬歲 三綱 學修

攝連 無云

朗懷 尙宗

施主秩 克坦比丘 性軒比丘 弘信比丘

雪心比丘　六森比丘　戒侃比丘
眞一比丘　國一比丘　鵬哲比丘
碩俊比丘　明善比丘　斗還比丘
智安比丘　我敏比丘
卽宗比丘　善聽比丘
致白比丘　道林比丘
寂哲比丘　穎云比丘
錦城比丘 化主 攝心比丘
九謙比丘 刻工 寶印比丘
全羅左道 求禮縣 智異山 華嚴寺 開刊

사진　동국대

# 81. 歸元直指集 卷上

**연대** 景宗 4년(1724)

**소재** 동국대, 계명대

**서지사항** 宗本(明) 著

木板本 1卷1冊 : 四周雙邊, 半郭 20.5㎝×14.0㎝, 無界, 半葉 10行 20字, 註雙行, 上下中黑口 ; 30.8㎝×19.8㎝

**서** 大明嘉靖三十二年癸丑歲四月佛誕穀旦(1553)

**발** 龍谷一諶跋

**간기**
山中大禪師孝諶　施主 淨暉　孝愼
山中大禪師智明　德天　寂哲
施主秩　卽梓　開悟　桂崙
宝印　蓮海　卽元　國一
妙安　攝心　漢裕　鄭承善
住持臣哲湜　三綱秩元安
奉爲　化主大禪師 一諶 九謙
主上殿下壽萬歲　別座兼化主順學　暢眼
雍正二年甲辰四月日全羅左道求禮縣智
異山華嚴寺開刊

# 82. 寶王三昧念佛直指

연대 景宗 4년(1724)

소재 장서각

서지사항 妙叶(明)集

木版. 2卷 1册. 四周單邊, 半郭 20.3㎝×13.8㎝, 有界, 半葉 9行 20字, 註雙行. 上黑魚尾. 28.7㎝×18.8㎝

판심제 念佛直指

간기 卷 上

心印 　卽宗 　熙性 　祖英
裵是慶 　省閑 　能道 韓汝吉
姜元周 　德彬灵駕 朗宗 緣化秩
偉性 　德弘 　尙敏 　德徽
應淨 　灵悟 　竹林 　惠明
錦成 　直應 　心覺 　仅仟
奉爲住持臣僧哲湜 　證俊 三綱 元眼
主上三殿下壽萬歲 　化主大禪師一諶 九謙
別座兼化主順學 暢眼
雍正二年 甲辰四月日 全羅左道求禮華嚴寺開刊

사진 장서각

# 83. 准提淨業

연대 景宗 4년(1724)

소재 국립도서관, 동국대, 원광대

서지사항 地婆訶羅 譯

木版本. 3卷 1冊 : 四周雙邊, 半郭 21.5㎝×14.5㎝, 有界, 半葉10行20字 ; 25㎝×18㎝.

판심제 准提淨業

서 准提經序 : 碧梧道人

重刻准提淨業序 : 天啓癸亥中元之吉古處青蓮居士謝于教沐水焚香書(1623)

발 後跋 龍谷一謀

간기

助刻芳名 斗見 澄哲

引勸通忍 孟仁 信悟

進遠 明三 明勝 道哲

碩岑 太全 覺敏

蔕旭 守遠 比丘尼

孟觀 太會 海湛

證明道正 大施主秩 等岑 緣化秩

修淨 通忍 覺能 德徽

仅聰 姜燾立 戒元 瑞明

雪嚴 金氏兩位 孟祐 仅行

眞一　趙時元　是明　海澄
守軒　鄭厚僑　日仁　善明
山中大德　自烱　七卓　鍊板
大師孝諶　演卞　姜氏　丹順
大師智明　澄雲　贇海　尙敬

大師德梅　文學　刻手　秩
大師天默　淂悟宋光必　守淨　陟坦
大師太和　好性　諶訓　亘安　文永
大師開演　体澄　戒爛　太心　就閑
大師覺察　學天　得聰　妙惠　就衍
施主秩　巨秀　希日　集玲　宇烱
大師初烱　好侃　見學　南云主石崩
大師鵬陟比丘尼太玄　成贇　行淨崔廷元

大師覺欽　比丘尼處蓮　行祥　思敎　金明衍
大師達眞　比丘尼太蓮　募緣秩
湛敬　大功德主一諶　必宝
七林　別座兼化主順學　呂信
可超　處士敬性
樂天　三綱　元眼
寂出　九謙
時住持哲湜　暢眼
雍正二年甲辰四月日全羅左道求礼智異山華嚴寺開刊

사진 국립도서관

참고 *별칭 佛說七俱胝佛母心大准提陀羅尼經

# 84. 有唐新羅國故智異山雙溪寺教諡眞鑑禪師大空塔碑銘并序陰刻板

연대 英祖 2년(1726)

소재 쌍계사

서지사항 木板本. 四周雙邊, 半郭 30.5㎝×22㎝, 有界, 8行 11字. 內向二葉花紋魚尾

판심제 眞鑑碑

간기 是碑吾東之寶而其立也今已八百
三十九年矣石爛字缺不可讀之可
勝歎乎遂爲壽木以永其傳
崇禎紀元之九十八年乙巳六月日
識
大諶領事 廣先刻字

사진 李智冠,『譯註 歷代高僧碑文 新羅篇』, 伽山文庫, 1993.

# 85. 大方廣佛華嚴經疏科文(華嚴懸談觀文)

연대 英祖 15년(1739)

소재 국립도서관

서지사항 澄觀(唐) 排定

木板本. 不分卷1冊(34張) : 四周雙邊, 半郭 22.3㎝×14.5㎝, 有界, 半葉 10行字數不定, 註雙行 ; 30.0㎝×18.8㎝

서 乾隆四年己未三月日伽倻山晦庵定慧序

간기 **大方廣佛華嚴經疏科文 卷 1**

大禪師竺坦 大禪師護敬
大禪師脫遠 比丘齊學 振禪 金順望 任元 侃蹟
大禪師覺演 比丘浪閑 道暉 梁老花 覺原 法律
大禪師文宇 比丘豊卓 處淳 李明在 守行 就淳
比丘思日 最明 宣勝吉 寬祐 妙湛
施主秩 比丘玄淨 振行 曺彭守 幸准 金道昌
護敬 比丘允巖 就文 朴萬昌 沈萬必 遠演
爲父母 比丘明信 朴時必比丘證演比丘雪宇
大印 比丘就彦 周時同比丘達宇 淳贇 洗云
爲父母 比丘致應 李東秀比丘浪湜 再准
比丘曇益 比丘思淨 仇性寬 斗澄 會玉
比丘楚機 比丘能安 徐斗柄 戒訓 守軒

比丘唯淨　比丘彦機　姜一億比丘任察 住心
比丘唯淨　比丘彦機　姜一億比丘任察 住心
金順發　崇學　三淑

時僧統任欣　緣化秩　刻手秩
時住持泰悅　化主省機　眞性　印機
前住持月儀　別座大印　和湜
前住持任察　往來僧信宗　自敏
前住持一還　前住持都監贇信　坦敏
前住持崇學　朴應太
前住持一寬　漢楚
信一
漢敏
書記廣識　金聲遇
三綱 持事彩珠　會諶
三補莊演　豊淨
乾隆四年己未七月日慶尙右道山陰縣方丈山國泰寺開刊

**사진** 국립도서관

# 86. 佛說四十二章經註

연대　英祖 24년(1748)

소재　장서각

간기　了童(明) 補註

木版. 1冊(61張). 圖. 四周雙邊 半郭 21.5cm×14.5cm, 有界. 半葉 10行 20字, 註雙行. 30.2cm×19.8cm

표제　章經

발　慶尙晋陽智異山三莊寺重刊

康熙五十七四月日晋州三莊寺重刊(1718)

간기　乾隆十三年 戊辰 七月日 晋州智異山大源庵留板

# 87. 南嶽集

연대 英祖 29년(1753)

소재 국립중앙도서관

서지사항 泰宇 著.

木板本. 2卷1册 : 四周單邊 半郭 20.4㎝×15.9㎝, 9行18字, 內向2葉花紋魚尾 ; 28.5 ㎝×19.4 ㎝

서 南嶽大師詩集序… 屛巖

간기

助緣　弟子秩　孫弟
金波日映　晉谷在初　川波杜佰
霜月璽封　仁谷應祥　月波孟奎
謹全　八悟　定波秀英
獲成
隱訥
謹忍　愼天
謹仁　任闊
聖上三十年癸酉 五月 日 留板于頭流實相寺

사진 국립도서관

# 88. 禪源集都序着柄

연대 英祖 33년(1757)

소재 김무조

서지사항 晦菴定慧(1685~1741) 著

木板本. 2卷 1册. 四周雙邊, 半郭18.3㎝×13.5㎝. 有界. 半葉11行 21字. 內向黑·二葉混入魚尾. 28.2㎝×18.5㎝

판심제 着柄

합철 別行錄私記書足

서 乾隆丙辰夏安居日晦菴定慧書于靑岩室中(1736)

丁丑七月望日法子子豊谷總澗惾謹書(1757)

간기 乾隆二十二年丁丑十一月日慶尙右道安陰縣德裕山長水寺開刊移鎭于星州西佛靈山靑巖寺.

# 89. 龍潭集

연대 英祖 44년(1768)

소재 동국대, 장서각, 천은사, 규장각

서지사항 慥冠(朝鮮) 著; 惠庵(朝鮮) 編

木板本. 不分卷1冊(57張) : 四周雙邊, 半郭 19.9cm×15.5cm, 有界, 半葉 10行20字, 內向2葉花紋魚尾 ; 28.4cm×18.7cm

서 龍潭集序 戊子仲夏 南崖畸人 申舜民識

書龍潭集 戊子仲秋上澣澹窩病夫(洪啓禧)書于龜邨之配爾窩

발 歲戊子仲夏 龍城老人崔載卿書

後錄 龍集戊子 逐技涕謹書

간기 乾隆三十三年戊子九月日刊板于智異山大巖庵

移置于甘露寺影閣中

刻工 錦卓

사진 동국대

# 90. 大方廣佛華嚴經疏演義鈔

**연대** 英祖 49년(1773)

**소재** 국립도서관, 동국대

**서지사항** 澄觀(唐) 述

木板本. 1卷1册(全 8卷8册): 四周雙邊, 半郭 20.7㎝×13.8㎝, 有界, 半葉 10行20字, 下黑口, 上內向2葉花紋魚尾 ; 29.8㎝×19.1㎝

**판심제** 華嚴玄談

**서** 永樂十年六月初四日(1412)

**간기** 歲舍癸巳春開刊于全羅道南原黃嶺庵 卷 8

**大方廣佛華嚴經疏演義鈔 卷 1**

| | | | | | |
|---|---|---|---|---|---|
| 願刻秩 初卷 | | | 暢賢 一板 | | |
| 南原 | 趙國星 | 一板 | 谷城 | 金德修 | 一板爲父母兩主 |
| | 錦卓 | 一板爲母金氏 | 康津 | 鄭允信 | 二板爲母趙氏 |
| | 爲泰 | 二板爲父母 | | 鄭德孫 | 一板爲母晉氏 |
| | 來敏 | 一板爲母朴氏 | 海南 | 韓重世 | 一板爲母金氏 |
| | 處尙 | 一板爲母金氏 | | 錦準 | 一板爲父母兩主 |
| | 宇觀 | 一板爲父母兩主 | 順天 | 命云 | 二板爲父母爲恩師呂性 |
| | 采惠 | 一板爲父母兩主 | | 見淨 | 二板爲父母吳鎭光兩主 |
| | 杜永 | 一板爲父母兩主 | | 錦吾 | 一板 |

| | | | |
|---|---|---|---|
| 同福 | 義修 二板爲父母金哲鳳兩主 | 哲明 | 一板 |
| | 金德獜 一板爲母姜氏 | 來察 | 一板爲母金氏 |
| | 日永 一板爲母金氏 | 李春赫 | 二板爲母柳氏 |
| | 戒平 一板爲母宋氏 | 語聰 | |
| 雲峰 | 勝岑 一板 | 小者瑞昌 | |
| | 德宗 二板爲恩師爲父母兩主 | | |
| | 覺淳 一板爲母曹氏 | | |
| 求禮 | 表訓 一板爲母姜氏 | 色允 一板爲父金氏兩主 | |
| 昌平 | 莊賢 一板爲父母兩主 海印寺善一 | | |
| 玉果 | 李春興 二板爲母鄭氏師文號性 | | |
| | 奉仙 二板爲父母爲恩師尙俊 | | |

**大方廣佛華嚴經疏演義鈔 卷 2**

裵氏伏爲亡父裵萬機

亡母鄭氏

亡夫丁鶴領

**大方廣佛華嚴經疏演義鈔 卷 3**

化士尼大敏領募諸道俗若干人刻此伏願樂施心堅福田必遇不淨觀現結習永捐自此種般若之因當來證菩提之果并冀利益現生之父母普及法界之寃親者

**大方廣佛華嚴經疏演義鈔 卷 4**

大匡輔國崇祿大夫領議政奉朝賀洪鳳漢氏

時湖南伯洪樂成氏

**大方廣佛華嚴經疏演義鈔 卷 5**

尼惠岸爲父全萬仅兩主

林必重　金氏　宋氏

**大方廣佛華嚴經疏演義鈔 卷 6**

施主秩　　化士大敏伏爲崔氏兩主

戒俊　　吳時正　　朴有才

直明　　柳宗厚　　崔氏順牙兩主

乃軒　　姜孟得　　金有才

感閑　　金奉尙

有信　　優波夷了察

朴氏

金氏

坤命戊午生金氏伏爲所薦

**大方廣佛華嚴經疏演義鈔 卷 8**

緣化
營幹
大禪師斗月默岸
大禪師惠庵玧藏
校正
大禪師豁然長愚
大禪師九峰世樞
洛波景許
洪波愼弟
化士　比丘尼大敏
別座　比丘等和
供養主　比丘快獜
義華
來往　比丘快敏　李得万　姜刀儉
莊頭片手　比丘等初
浮板 金澤良
歲舍癸巳春開刊于全羅道南原黃嶺庵

**사진**　국립도서관

## 91. 大方廣佛華嚴經普賢行願品疏

**연대** 英祖 50년(1774)

**소재** 동국대

**서지사항** 般若 奉詔譯; 澄觀(唐) 述疏

木板本. 1卷1冊(53張): 變相圖, 四周雙邊, 半郭 20.8cm×14.3cm, 有界, 半葉 10行20字, 註雙行, 上內向2葉花紋魚尾 ; 31.8cm×19.7cm

**판심제** 華嚴別行疏

**간기**

比丘 慈月武謙記付

亡父聖泰亡母金氏 亡母千氏三位靈駕

亡恩師比丘印慧靈駕

由斯因緣 願共含靈共證法界

乾隆三十九年甲午夏智異山臺岩蘭若重刊

(*함께 간행된 뒤의 大方廣佛華嚴經疏鈔에 의함)

**사진** 동국대

# 92. 大方廣佛華嚴經疏鈔

연대 英祖 50년(1774)

소재 동국대

서지사항 實叉難陀(唐)譯, 澄觀(唐)撰述.

木板本. 8卷 6冊(卷8~9, 19, 35, 53~56). 四周雙邊, 半郭20.8㎝×14.2㎝. 有界. 半葉10行 20字. 註雙行. 上下向黑·一·二葉混入魚尾. 29.5㎝×18.5㎝

판심제 華嚴疏鈔

간기 乾隆三十九年甲午夏智異山臺岩精舍重刊

사진 국립도서관

세부간기 **大方廣佛華嚴經疏鈔 卷 1의 2, 世主妙嚴品**

法談施錢五十兩助刋此卷乃受快樂

**大方廣佛華嚴經疏鈔 卷 2의 1, 世主妙嚴品**

施主秩

崔重已

朴世眞

李德音味

李妙贇

呂察

**大方廣佛華嚴經疏鈔 卷 2의 2, 世主妙嚴品**

省宗施錢八十兩獨刋此四十五丈乃受法樂

**大方廣佛華嚴經疏鈔 卷 3, 世主妙嚴品**

戒益施錢十兩助刋此經伏願乃受法樂

爲亡師僅俊亦施錢七兩助刋此經

崔八封爲父母施錢七兩助刋此經乃受法樂

廓然 金善杜 宏學 幸理

應然 臼白 知英 仁寬

文迪 崔屹 夏然 許德重

道朋爲

父徐立 兩主 願刻

**大方廣佛華嚴經疏鈔 卷 4, 世主妙嚴品**

助施秩　清俊　大一　會政 石秋 連成 起雲 淨贇
德宗　金已哲　李金浮　徐金伊　卞以才 權世乭
取札　處學　處澄　仁深　太食　志如 景獜
以希　明湛　學宗　性輝　華淨 德閑 道裕
　瑜演爲
亡師寶運父宋日業兩主願刻
　敬花伏爲
亡父鄭慕吉兩主
亡祖 必立
　清俊爲
亡師祐平　幻尙爲亡師体雲
　華玉爲　亡父申貴才兩主
亡師法律　施錢十兩助刋此經

**大方廣佛華嚴經疏鈔 卷 5, 世主妙嚴品**

施主斗星
　翠日

**大方廣佛華嚴經疏鈔 卷 5의 2, 世主妙嚴品**

朴氏施錢十四兩助刋此經伏願悟法身之實相轉有漏
之幻身　金甲孫乞錢五錢而施於此助刋此經今生
受無量福後生當證菩提之果
李弓積　成默　珍□　　金加之　察点　贇寬福□

**大方廣佛華嚴經疏鈔 卷 6의 1, 如來現相品**

有隱施錢十四兩助刋此經無不吉祥
調澄　劉莫乃　白妥天　李氏　朴進求 海玄
風洽　宋氏　　金進采　良益　快心　仿元
常善浪花　自碓　有益　明眼　秋談　寬摠
浪淨 善密　善信　知還　良善　見參　淨行
此等現增福壽莫不吉祥

**大方廣佛華嚴經疏鈔 卷 10, 華藏世界品**

照英施錢三十兩助刻此經伏願乃受法樂
祖英爲
師智洽父朱勝哲兩主施錢十五兩助刋此經伏願
離苦得樂

**大方廣佛華嚴經疏鈔 卷 12의 1, 如來名號品**

玄初　位國

金仲白 吳芿叱發

贊禮刻摠榮

**大方廣佛華嚴經疏鈔 卷 12의 2, 四聖諦品**

施主秩學文爲母金氏廣順爲母金氏任觀爲母孫氏

吳進元　徐德良　諸錫臣　李淸雲　朴萬昌

崔云泰　李德奉　朴厚氏　于摩堂　環日爲

亡師竺敏　定湜爲父金永淑　得英　爲亡師

贊輝　世閑爲亡父河海淨　抱三爲亡母幸

順 法明爲亡父李以先亡母朴氏 根瑞頓覺

**大方廣佛華嚴經疏鈔 卷 13의 1, 光明覺品**

道淨施錢十兩助刋此經伏願受法樂

金卞乙施十兩則刋此經伏願悟正因入正樂

**大方廣佛華嚴經疏鈔 卷 13의 2, 光明覺品**

大定施錢十兩助刻此經伏願悟理

**大方廣佛華嚴經疏鈔 卷 14의 1, 淨行品**

敏俊施錢三十兩助刋此卷乃受法樂
性圭施錢二十兩助刋此經乃受其福
淸俊施錢十兩助刋此經乃受其果
妙澄施錢八十兩助此經乃受其福

**大方廣佛華嚴經疏鈔 卷 14의 2, 賢首品**

尋根施錢百兩獨刻此經伏祝悟入華藏世界
父金弥去里母姜玉丹姑父母兩主夫口雲金尙發金元里
朴奧世亦悟正因咸入法界

**大方廣佛華嚴經疏鈔 卷 15, 賢首品**

佛弟子進閑領募刻此經願諸因緣七處九會處處參隨
十聖三賢一一親覲乃至成佛誓不退轉

**大方廣佛華嚴經疏鈔 卷 16의 2, 須彌山頂上偈讚品**

施主秩
杜暹
志守
朴呂章
時一伏爲
亡父鄭玉乭兩主

**大方廣佛華嚴經疏鈔 卷 16의 3, 十住品**

彩楫 仁贇 寬旭 月印 碩還 智察 允軒
義心 智眼 三明 萬云 文哲 敏淸 淸侃

**大方廣佛華嚴經疏鈔 卷 16의 4 十住品**

助施 官圭
師起敏
父金尙
母姜氏 等□□十兩助刋此經乃受法樂

大大方廣佛華嚴經疏鈔 卷 17의 1, 梵行品

普寬 金召吏 貟翎處震聞有淨 寶民

逢元施錢十兩助刋此經悟入法界

有信 照鑑 大明 善修 抱學 粹璞 弘信 覺聰

頓惺 慧定 偉察 性日 戒聰 体祥 彩祥 妙心 貟敏

任聰 鏡華 普淨 惠英 揔明 性云 守儀瑞澄

大方廣佛華嚴經疏鈔 卷 17의 2, 初發心功德品

普觀施錢十兩助刋此經福無邊

松坡智榮爲　亡師霽月宇淸施錢十兩

松岩堂脫遠　　花峰堂造元

桐峰堂司一　　海庵堂泰演施錢十兩

花月堂仁桂

惠岩堂玧藏

大方廣佛華嚴經疏鈔 卷 18, 明法品

施主秩

幻默伏爲　　玄仁

亡師弘允　　　萬修

星岩 敬愼 寬悟 德還

**大方廣佛華嚴經疏鈔 卷 19의 4 大行品**

信嚴施錢十兩助刻此經伏願捨邪就正

奉敏爲亡父成介不里兩主施錢二兩助刻此經伏願離

苦得樂　贇益爲父金萬壽兩主

戒學爲亡翁師贇熙　志悅爲父梁栻兩主

尙鑑　取旭　瑞滲 景修 敬楚　日明

養封　贇愚　卓珍 探演 廣愼

取有　錦俊　徐千右　体尙 眞淑 安學 安輝

丹淑　大仅　海安　　奥守 幻澄 祖閑伏爲

師慧龜　父朴仅龍兩主施錢六十兩助刋

此經生前富貴死往西方

**大方廣佛華嚴經疏鈔 卷 20 十行品**

助緣秩 逢元施錢十兩助刻此經伏願同悟性 咸入法界

幻岑 眞贇　守言 眞日

巨岑 有演　德性 富暎　太性 願學　任瑞 戒澄

金重伊　李萬守 朗海 李岳孫 李□傑 李日長
月清　義天 魯云雄 普玧 斗悅 道閑 策仙 張氏
命重　李太白 裵性孫 申世甲 金聖化 最淑 孫丁
尹 稱伯　俊敏

**大方廣佛華嚴經疏鈔 卷 21의 2, 十無盡藏品**

守贇爲母金氏
勝演法明爲亡父李以先亡母朴氏 廣淳爲母
金氏有澤□覺任寬爲母孫氏崔車卜最習
得英爲亡師贇輝遇秋正湜爲父金永淑湛摠
世閑爲父河海丁環日爲亡師竺敏
徐德梁 李淸雲 吳進元 諸錫臣 覺文爲母
金氏成俊文快性爲亡師處澄勝演朴厚氏朴摩
堂
李德奉 朴萬昌
幻淨道官爲亡師處學 廣摠 就贇 會淨
會宗抱三爲母幸順 根瑞
法眞爲父成順澤等 同證 性海
有彦爲父張宗漢
楚伯福樞爲母李氏
洪日世 洪小介金　太演
洪益　性坦　申戊辰

修鎰 三仁 志修

**大方廣佛華嚴經疏鈔 卷 22의 1, 兜率宮中偈贊品**

住一切智卽煩惱障治

吳天生 李氏 朴茂太 李氏分丹 朱万采

金尙恒 鄭氏 蔡知摠 金重甲 李大向

金益昌 徐氏 智坦 梁海万 信女聖□

姜氏 方斗建 尙德 金汝中 李持楚

崔思善 申東喆 元良 金淂龍 李氏貴岩

崔望伊 黃世昌 覺元 敏日 金忎東

李氏 黃自辰 蓮熙 學心 上耳

朴秀彩 化士 默慧 戒學 德洪 克明 太衍

**大方廣佛華嚴經疏鈔 卷 22의 2, 升兜率天宮品**

金老郎 金重海 朴厚文 具善基 金必章

吳氏九外 比丘靈悟玉摠先策就進 吳海云

徐氏月丹河尙已金起男崔二丁崔京遠李氏月梅

李氏月海共登覺岸

**大方廣佛華嚴經疏鈔 卷 23의 1, 兜率宮中偈贊品**

| | | | | | |
|---|---|---|---|---|---|
| 雷天 | 寬訓 | 學喆 | 李祀松 | 李瓿立 | 李秋成 |
| 子安 | 海鵬 | 呂察 | 金成伯 | 申光白 | 金明碩 |
| 會衍 | 連宗 | 智玄 | 金破回 | 信士知晛 | 信女才元 |
| 天機 | 連荷 | 法淳 | 曹夏政 | 朴氏 | 李時桀 |
| 守衍 | 信行 | 春英 | 曹夏東 | 處士觀善 | 金秀甲 |

**大方廣佛華嚴經疏鈔 卷 23의 2, 十迴向品**

道云 父趙勝云母金氏 又仁 金三甲

李彥 □玉 再平 玉環 戒允 崔氏今大

李卜室 白贇一 潘或同 鄭氏

金景海 白雪云 河瓿尙 鄭日相

柳漢瑞 守閑 淂念 仁順 張氏 鄭氏

**大方廣佛華嚴經疏鈔 卷 24, 十迴向品**

| | |
|---|---|
| 曉眼好珉爲亡師明仁施錢七十兩 化主秩 | 惠遠 |
| 金大甲錢三十兩 張太旭十五兩 | 太密 |
| 李或己錢二十兩 | 性守 |
| | 智悅 |

滋芸
大仁
生連

**大方廣佛華嚴經疏鈔 卷 25의 1, 十迴向品**

惠遠分利露字願共生極樂

**大方廣佛華嚴經疏鈔 卷 25의 2, 十迴向品**

六敬 信宗 快浩 坦卞 姜春奉 金艮乙長老味
再修 智敬 智元 性律 崔尙喆 金業山
性慜 明眼 旻海 致益 高斗三 朴必宇
啓淑 兌信 寶察 碩玧 信女信巳 身安
解官 釆浩 行仁 孝訓 朴聖道 崇岩
快衍 益揔 呂喆 大善 智日 金堂
天戱 快活 思淨 体明 快日化士性宇盤龍
內院

**大方廣佛華嚴經疏鈔 卷 26, 十迴向品**

誌秀 會翎 性喆

性慣璽冠 募財刋此卷

**大方廣佛華嚴經疏鈔 卷 27의 1, 十迴向品**

宏坦七十兩泰一卄五兩智行卄兩覺明卄一兩李貴

金十五兩徐古邑介卄四兩化士廣訓分刻此卷

正環亡師學明亡父金德良林慶云妻李氏金代奧

崔氏梁氏蔡氏金氏白成强金進應張氏金氏金才業

尹梅金說宗

金致學金氏父成三必望銀得吳氏李仍邑孫崔氏崔汗云

**大方廣佛華嚴經疏鈔 卷 27의 2, 十迴向品**

正遠 尹連立 金七景兩主 金發兩主

朴守釆 李禮 父必孫 母李氏

金孝養 化士廣訓募財刻此卷

鄭東僑父翊善徐氏任德祖母曹氏金豪中母韓氏申氏

觀天亡師學一体泗父金景釆金氏樂海俊英母崔氏

會英母曹氏會澄父金重玉朴氏惠密母金氏金水德

致演父金聖已金氏卓暹亡師守泂金漢宝金禹昇

守敏有信有敬等禹良元鵬翼

高氏暹伊趙道成金德暹崔斗星

朴氏祖三伊趙氏朴相元具氏朴辰威李貴周金光白

韓氏龍愛 父韓世元德暹兩主 道泉寺崇角寺

申氏論礼施錢參拾兩助刊此卷

**大方廣佛華嚴經疏鈔 卷 28, 十廻向品**

鄭昌郁 尙軒 金世辰兩主 全氏良乙長

金世光 智宗 李汝龍 吳氏

孔聖福 太悅 朴善已 張德卲

朴同昌 曇希 崔奉觀 張郁福

朴太元 渭學 李氏 曹氏

金光福 雪訓 父大成 李三萬兩主

鄭䀢同 母裵氏 子千義 李萬世

盧命俊 化士幸□募刊此卷願生極樂

**大方廣佛華嚴經疏鈔 卷 29, 十廻向品**

孤雲寺

李善方　尙能　竺禪　寶泉寺
韓萬才　處益　道天　佛柱寺
德察　朴尙明　智禪　定惠寺
智學　朴尙敬　順玉　花岩寺
智行　宋氏禮善　安養寺
朴信根　朴氏庚辰　了德寺
體活　李璽音金　金堂寺
廣律　幸廩與門人 快澄募財刊此卷

**大方廣佛華嚴經疏鈔 卷 30, 十廻向品**

林邦憲兩主曹氏順梅　金得順　贇敏
李氏今禮　金氏春丹　盧周曾　法蓮
李石峯　姜上萬　申永福　世安
申氏中愛　李東彦　崔時成　姜時益
申奉上　金時宗　大敏　性覺
朴有才　崔起福　仁寬　池世起
朴尙淡　金有福　宋贇　化士釆年

**大方廣佛華嚴經疏鈔 卷 31, 十廻向品**

金氏德每 金萬善 朴達 徐笁朴

惠明　守演 德輝　法祥 守蓮
法揔　坦守 德賛　敬悅 致敬
大希　彩演 先一　守還 梁龍益
處一　致信 處閑　眞成 白微源
道環　天心 尙能　最默 韓啓良
明膺　得安 自澄　善均 守忍
普軒　　金龍雲　智英
能俊 定訕 李聖弼 得仁 李萬京
喆敏 李釆元 李得龍 勝□ 李厚萬
俊起　金氏甘丁 金時宗 白道彦
覺先　裵氏 金貴奉 林世彩 黃孝男
賛明　兌元 李東彦 金龍雲 黃古邑長
戒喆　桂還　　全英大金氏居士妙惠
佑性
冉閑善元
化士釆年募財刋此卷

**大方廣佛華嚴經疏鈔 卷 32, 十廻向品**

李金官張善章羅祥景朴氏卜德朴守元兩主金貴賛
韓碧張同受咸氏李氏兩主　金已獜德　柳氏兩主
白乺金 咸取元 姜僅達　父金氏兩主 朴盛春
李尙卜 趙孝正 張氏兩主　吳古公兩主 裵氏亡夫

就元爲 林奉每 朴云万　　金氏同古乙礼 金樂孫

父李致叔 朴得龍 朴驗不伊　父金乭石兩主

金氏世花 朴萬桂 信宗　信士道先　化士廣訓

陳氏宗愛 金水孫 余占　信女道惠 林奉每 體吾

比丘順日 金李得 明湜　信女奉仁 朴得龍 幻揔

姜渭進　高一柱 存悅　信女敬仁 朴玄萬 泰祺

崔庚仁　金介不 戒定　金氏善眞　　處益

金貴山　吳順奉 德聰　尼法性　　雪淸

比丘道益 陳后□ 性還　金氏單尙　　法喆

張五男　曹喜龍 自敏　念氏丹伊海淸　思忍

余守精　高命山 旻宗　文氏貴□元玉　善起

**大方廣佛華嚴經疏鈔 卷 33, 十廻向品**

任氏亡父任義性申氏申礼 金德眞尹太奉李東秀

崔時同金光潤史道憲劉氏全英大朴持平鄭晃

金一尙金吾趙氏德伊李多方末伊韓三峯尹加沙里

金性才兩主金進命姜氏順丹金世男趙東壁金斗石

金士寬金順喆崔庚宍兩主金氏仁生白氏拜良金万主

金氏禮生 信行守忍等惠義和智禪世宗沃心

性演無宗明眞快英仁贇雪允雪軒妙眼妙軒

金大述金允金 □朴伊河居业朴玉丹全□□□張貴翼

姜孝才安以昌薛次同姜世万朴永春姜秀長姜龍仚
劉卜東劉嶋龍白順乙
吳宗周兩主李三萬鄭楚大朴奧才朴奉順崔已福
李春鳴崔辰昌兩主李成必白道成白氏黃應中輝景

**大方廣佛華嚴經疏鈔 卷 34의 1, 十地品**

月尙月影李乞仰 崔德杜 白貴三 羅氏文氏
性還　勝俊　李順伊 崔萬太 朴春宅 李者斤□味

**大方廣佛華嚴經疏鈔 卷 34의 2, 十地品**

釆官印宇最益修宗維彦敬贇淨心會任仁淑
思旻德贇釆峯　時秀鄭氏金氏金尙云金業成
金達成金允成金暹伊朴成旭李明丹李大還

**大方廣佛華嚴經疏鈔 卷 34의 3, 十地品**

化士
鵬閑 天有　始閑　心沃　　進捿
有閑　德惠　覺禪　　　　海平

始賛　宗信　李國才兩主　好珉
一元　玉玄　李春成兩主　福泗
知英　巨歡　金龍　兩主 禪雲寺錢十兩
石活　忠克　尹得孫兩主 烟紀寺錢十兩

**大方廣佛華嚴經疏鈔 卷 34의 4, 十地品**

晉州玉泉寺佛粮施主等以此勝因緣俱生樂土
咸陽北面姜演正出米三十斗助緣刋
崇禎紀元三乙未夏忠淸道藍浦縣峩嵋山
華嚴經刋出大化士性宇　助緣化士
礪策　太裕　璟寬　德念
大演　曠慧　詳禪 乙未生李氏
能賛　惠旗　瑞端
固城臥龍寺各各施主等以此因生淨土
池萬哲 金海金 池斗位 朴尙卜 李氏幸舟
李好德 劉貴得 俞叔天 朴天上 比丘寬仁

**大方廣佛華嚴經疏鈔 卷 34의 5, 十地品**

比丘存性 比丘性元 居士淨信 韓貴同 金占男
金氏莫今 舍正 元海 朴壽栢 朴秀古伊

朴□□　朴應得 文戶倫 朴元永 朴允得
金致珍　比丘自訕 比(丘)性暉 舍正性允
李春花 徐於叱金 洪古致 比丘秋□ 性仁
比丘仅華 比丘藏諶 比丘霽沾 比丘抱習

**大方廣佛華嚴經疏鈔 卷 36의 2, 十地品**

全羅各寺道岬寺 大芚寺 寶林寺 天冠寺
開興寺 龍泉寺 龍奥寺 鳳岬寺 雙溪寺
定水寺 美黃寺 佛會寺 法泉寺 楞加寺
佛岬寺 金塔寺 雙峰寺 萬德寺 水淸寺
開天寺 化士頓平庣募衆緣助刋此經功德四恩三有
法界悉 親四生六道一切含靈同生淨土親見玉毫之願
崔富國 舍堂定日法順 尼天貞母鄭氏

弼希 幻慧 閑定 性守 融性
施主秩 永宜 德亨 快允 祐徵 巨詢
守如 詧海 聰信 海寬 朝罕
有溟 大仁 采裕 快鵬 趣愿
語笋 得珠 奥烈 如認 見賢
卓賢 頓定 等守 性衍 道寬
都監大榮 持殿祐印 三綱 寬澤 幸白快文
校証法賢 住持卓演

別座策華　　　　供養主性還最眞

爲親
李鳳喆鳳極
崔益壽爲親
處士彩淨爲親

**大方廣佛華嚴經疏鈔 卷39, 十地品**

姜氏 舍堂海元 李鈗杯 李春植 李奧卜 李順卜
比丘敬律爲父母施錢百兩刋出經吉祥如意
俱生淨土之大願 姜一賛 全奉采 鄭時和 朴宗漢
比丘曇學 比丘元日 比丘性民 比丘淡淸 比丘偉宗
比丘通善 比丘敏輝 比丘應澤 比丘旻和 比丘呂印
比丘初淳 比丘義□ 金性演　比丘就淡 比丘寬益
比丘戒淸 山人演□ 比丘斗卞 全尙萬　洪云水
比丘淨花 洪宇必　韓龍世 比丘信敬 比丘敬稔
比丘淑敏 比丘德和 比丘信坦 高貞好　高德行
金分金　比丘信祐 比丘大英 比丘廣訕 比丘能悟
化士比丘處峻 李定植 金貴采 高哲元　姜順才
化士比丘維和 趙同碧 張取才 幸習 金光隱 金水命

**大方廣佛華嚴經疏鈔 卷 40, 十定品**

普玉靈駕往生淨土

**大方廣佛華嚴經疏鈔 卷 41, 十定品**

道岬寺 大芚寺 美黃寺 萬德寺
開天寺 佚會寺 龍興寺 竹林寺
棲鳳寺 補國寺 石泉寺 波根寺

**大方廣佛華嚴經疏鈔 卷 43, 十定品**

白空弗 林雨逢
母房氏 朴重赫兩主

**大方廣佛華嚴經疏鈔 卷 44의 3, 十忍品**

林朝愛 崔蓮愛 宋已乭 崔此乭
金玉指 朴俊石 金澗伊 宋氏已酉 尹氏癸巳
張氏丁酉 金氏丁未 邊氏種伊 劉氏壬申 南氏辛未
金氏丁未 舍堂往蓮 各錢一兩

幻惠 最雄 時悅 德閑 性觀 伊岑 志性 鵬遠
義休 心淨 允聰 善寬 良喆 朗性 照敏 孟文
次玲 孝天 願深 六萬 倜行 廓順 崔梵哲兩主
憕昨 宝軟 宏哲 性高 李壯起兩主 鄭氏思朗
劉江東兩主 秋智學兩主 金貴昌 成必伊兩主
金氏兩主 妥賢母文氏 月弥母李氏兩主 至極
秋萬山兩主 金氏丙辰 各錢一兩 願生淨土
快坦 崔達雲兩主 韓必龍兩主 金桂孫皆一兩
致玄 金汝仲 双溪寺 朴宗采兩主
舍堂處寬

**大方廣佛華嚴經疏鈔 卷 45의 1, 阿僧祇品**

玉潾爲
父金漢渭文二兩
比丘閑之仅旻 淸闓
大施主
卓演文士一兩

**大方廣佛華嚴經疏鈔 卷 46, 佛不思議法品**

宝学頴閑

姜泰明 韓命信 金弘迪
利明爲亡父 謹森比丘 黃白先 妙心 妙信
李進必亡師 崔桂奧 子德獜德祿 魯聖獜
照心 金大聖

**大方廣佛華嚴經疏鈔 卷 47, 佛不思議法品**

金氏壬申 金氏乙未爲李氏 金氏 洪喜孫
体旻比丘 戒性 願和 願香 位景 最雄
戒白 最一 最感 天性 各一兩 朴重權
黃重三 亘樺爲亡母李氏 趙善遇兩主
電平爲父蔡萬碩 呂氏 李莫同

**大方廣佛華嚴經疏鈔 卷 48의 1, 如來十身相海品**

大施主 逆閑 祐益 林明弼兩主 朴泰壽兩主
金氏老礼 李氏連今 文氏 叢權情冉坦
安東彦 最蕒 德閑 宋氏桂丹 朋祐贇令
文氏礼 別學 張氏子敬和 講益 念益 八克
田㐅益兩主 李㐅元兩主 守一 朗眞 尙式
勒贇 玄玉 叟輝 方輝 快淨 道修 演閑
廣暹 金喜文兩主 金貴昌兩主子順平 應哲

勝活 惠眞 性竒 道藏寺 必閑 敬淑見還
各一兩 現增朴壽當生淨刹

#### 大方廣佛華嚴經疏鈔 卷 48의 2, 如來守護光明功德品

吳允喜 申貴才 李貴分伊 李鋤分伊 楊氏 全光玉 尹吉
奉氏 千氏 張順才 李氏 尹芝忘伊 鄭氏 池氏 尹氏 池氏
池龍朴 南七伊 裵道昌 金光冶 邊宗一 尹氏 朴氏 金必每
任再元 柳善光各一兩 現增朴壽 當生淨土

#### 大方廣佛華嚴經疏鈔 卷 49, 普賢行品

性覺伏爲
亡父朴善元兩主 金思上兩主子永坦
亡祖父順宗兩主 金進㚲 金尙汴
亡兄世贇 有隱比丘

安性爲父鄭斗生

**大方廣佛華嚴經疏鈔 卷 50, 如來出現品**

全初得 鄭氏 李継長 裵福三
徐爲願 裵道喜 朴永孫 斗貴得 冠一
全石行 朴泰東 金氏 秋氏 等云
許氏 金氏 白氏 李有福 三密
金達秋 金□得 永玉比立 河浥一克
等守 月閑 称一 金云白 李氏
姜萬年 權奧秀 張太正 德允 快明
安保仁 田正益 高氏 姜氏金蓮子龍田

**大方廣佛華嚴經疏鈔 卷 52의 1, 如來出現品**

寶林寺　萬興寺
雙峯寺　師子庵 此等各寺以此善回同參功
雙溪寺　雲興寺 德崇信佛法千秋長享
修仁寺　美黃寺　　　位元文十兩
珍島雙溪寺　　　大施袂 金氏老禮十兩
興國寺　　迯閑文四十兩 朴泰守十二兩
開興寺　　祐益文二十一兩 共迪九兩　共成
華嚴寺　　卓連文十二兩　法賢九兩　伏道
無爲寺　　林命必三十兩　金重燁文十五兩

**大方廣佛華嚴經疏鈔 卷 52의 2, 如來出現品**

主上三殿壽萬歲
佛日增輝民安樂
　伏願　　　　　　　　緣化
刋板枡梛隨喜信士
善男善女現存先亡　　　校正　　特聰
普典四恩三有一切含　　　　　　坦惠
靈同生淨土等悟無生　　都監　　鏡寤
乾隆四十二年丁酉二月初八日 誦呪首座道性
始役於雲峯縣智異山實相寺內院　首座修益
持殿首座就和
化主獅峯 瑞玧
龍溪 觀日
別座布仁 處士趙義成
梵音慧札　　泰誠
勝彦　　尼体旻
都刻　念玄　　　　　　辛兼　　思訔
校正　奉玄　　　　　　卽尙 供司 別均
鍊板　志永　　　　來往利珎　　性玉
　　　慕允　　　　　　就弘 鍾頭 奉侃

**大方廣佛華嚴經疏鈔 卷 53, 離世間品**

泥洞敬捨五十金爲令澈助刻此卷 以此
功德寄享山壽海福歸獲篆昇淸名

**大方廣佛華嚴經疏鈔 卷 54, 離世間品**

識安願刻
爲父母一板子 爲師一板子 可澄伏爲
亡父張太明 亡師威敏
昧映謹募緣刋此全卷以此功德願與
法界含灵俱生淨土
校對 体宇 景賢 釆玧

乾隆三十九年甲午夏智異山臺岩精舍重刊

**大方廣佛華嚴經疏鈔 卷 55, 離世間品**

緣化秩
化主 達性 有伯 栽榮 信闊
別座 性元
都監 瑞玲 自玄

誦呪　就和 道演　　　性海 以眞
供養主　法海 錦宇　再敏 快仁 幸兼 卽相
鍊板　清益 智宗　智榮
校對　体宇 景賢　釆玧
乾隆三十九年甲午夏智異山臺巖精舍開刊

**大方廣佛華嚴經疏鈔 卷 56, 離世間品**

比丘有伯敬募波根灵隱兩寺 施緣刋此

**大方廣佛華嚴經疏鈔 卷 58의 1, 離世間品**

校對　景賢　釆玧
都監　瑞玲　別座 性元
誦呪　就和　道演

**大方廣佛華嚴經疏鈔 卷 58의 2, 離世間品**

引勸 有一 化主有伯廣募衆緣
刋成此卷願與多少施主及法界含灵
離世間卽入如來法界海中

峕

乾隆三十九年甲午夏智異山臺岩精舍

重刊　校正　體宇　釆玧

景賢

比丘稱淑施錢五十兩助成此經以此功德現增

福壽當生淨土亦願先亡父母現存師親透脫

輪廻之苦往生淨界之願

朴仁三兩主

姜渭昌

渭孫

渭春

**大方廣佛華嚴經疏鈔 卷 59, 離世間品**

化士　信活　有伯等募緣成

此卷

以此功德四恩三有一切含灵速離苦海

共遊毘盧法界願海

校正　體宇

景賢

釆玧

乾隆三十九年甲午夏智異山臺岩精舍重刊

### 大方廣佛華嚴經疏鈔 卷 60의 1, 入法界品

校對　景賢　　采玧

都監　瑞玲

別座　性元

誦呪　就和　　道演

順天海川寺同願成此卷

　　　采文

引勸　淑敏

　　　宇幸

住持　漢日

化主　有伯

仗此勝緣愿與多少施主生增壽福死旼樂方

九品上生

乾隆三十九年甲午夏臺岩精舍重刊

### 大方廣佛華嚴經疏鈔 卷 61, 入法界品

比丘尙淨伏爲

亡師就岩灵　亡父張漢臣　亡母金氏善業

兩主灵加

上佐羽學伏爲

亡父杜世綱 亡母張氏萬花兩主灵加發願

捨財刊成此篇以此因緣先亡灵駕俱生

淨土

引勸化主瑞玲

校對　　体宇 景賢 釆玧

**大方廣佛華嚴經疏鈔 卷 62, 入法界品**

比丘羽學伏爲

恩師尙淨保体亦爲己身發願捨財刋成此篇

以是因緣現增福壽當生淨刹

引勸化主瑞玲　校對 体宇景賢釆玧

**大方廣佛華嚴經疏鈔 卷 63, 入法界品**

嘉善金重兌伏爲

亡父金順鶴兩主 亡祖金會日兩主捨財助成此篇

以此功德現增福壽當生淨刹　引勸化主瑞玲

**大方廣佛華嚴經疏鈔 卷 64, 入法界品**

文以長 金順寫兩主 可澄母朴氏 持軟 李順必
僅閑 張氏丂化 □山母李氏 金仁先 金僅連 李應龍
池時同 杜世江 乭念母李氏 金丂肖 金進文 金□民
金氏善葉 朴氏 金漨好 崔水南 閔門和 李明周
張漢臣 董時才 金丂喜 崔拴大 林享宗 金水光
就岩 朴氏□眞 朴業至 僅白 張河 朴玉丹
李氏 甘□ 開礼 朴性昌 李氏 金非令
金乭伊 体弘 梁釆濱 高礼金 李善必

如天 恢乭 妙日 本己 稱淑
玄淨 太永 天性 感海
癹玧 永悔 仅允 湜安爲 申示同
自信 父母兩主道行 釆行

化主達性
校對 体宇 景賢 釆玧

乾隆三十九年甲午夏智異山臺岩蘭若重刊

**大方廣佛華嚴經疏鈔 卷 65, 入法界品**

化主 達性

校正選珪有伯釆玧

**大方廣佛華嚴經疏鈔 卷 66, 入法界品**

尼志呑

信海　妙明

金夢朱 金氏

金貴成

徐漢厚

化主　達性

化主　達性

校正　選珪 有伯 釆玧

都監　瑞玲 別座　性遠

供養　法海 錦宇　在敏　快仁

乾隆三十九年甲午夏方丈山內院精舍重刊

### 大方廣佛華嚴經疏鈔 卷 68, 入法界品

西岳門下巨機義澄同共募緣刊成此卷願我
先亡父母現存師親与助緣施主等永脫塵綱
於裟婆累劫之輪廻頓證法界於善財一生之
極果

### 大方廣佛華嚴經疏鈔 卷 69, 入法界品

西岳門下戒之募緣重刊此卷
施主　學眞花惠
有伯 采玐　智行 等仁
任活 鵬彦 漢玉 斗日
普湛 說初 明寶 謹初
勝旿 爾點 勝還 萬圓 李世才
華默 就行 月閑 澈圓 鄭貴才

### 大方廣佛華嚴經疏鈔 卷 72, 入法界品

鰲岩門下誨寬頓禪同共募緣刋成此卷願
我多生父母現世師親□助緣施主等永脫
塵綱於沙波累劫之輪廻頓訂法界於善財

一生之極果　　校對　景賢 釆玧

都監 瑞玲　別座　性元

乾隆三十九年甲午夏智異山臺岩庵自域至火又人凡土卷開刊

**大方廣佛華嚴經疏鈔 卷 73, 入法界品**

助緣秩　勝鑑爲亡師德玧亡父林朴達止母吳氏

分札施錢六兩助刻此經伏願離苦得樂　洪悅

斗明施錢四兩 若瞻爲亡父林時太施錢二兩

助刻此經 有行爲亡師是悅亡父林東春母全氏桂花

施錢六兩助刻此經 會淑頓旭 素信 頓諶 若鵬

典紋爲父鄭斗業母金氏施錢四兩助刻此經 夢賓

国訓　窣宇　養淑 瑞寬 圓悟 處旻 任官

西淑 戒淳 呂澄 平悟 普寬 辛淨 国憲

成悅 若慧 取竒 樂元 亡父梁斗萬 勝和 釆一

儀衍 錦活 慕活 性朋 亡母李氏　海洪

嶺南刻秩 義奐守淸

安義　　南海　　晋州　　尙州

瑜演　　克捴　　道朋　　謹□

彩元　　淡性　星州　　義仁 太和

昌寧　　固城　　義□　　昌原

再白　　孟隱　　德演　　大澄

碩閑　海寬　弘察　守如

就行　李連㚲 捻成　昆陽

廓天　自輝 正還　信悟

志坦　冝寧　克念　抱允

志允　日秀　高寧　居昌

碧允　抱信　善一　揔榮

柒谷　山淸　丹城　戒還

仁俊　展默　□訥　廣宇

三嘉金性宅 瑞寬　奉湜　謹曄

吳繼周 灵山　淸道 法性　俊明

慶州性益　奉律 大丘 海仁　尺天

戒天　秋瑞　崔桂花　謹察

乾隆三十九年甲午春自日字三十卷開刊于

全羅道茂茱九千洞移置于

**大方廣佛華嚴經疏鈔 卷 75, 入法界品**

助緣秩 淸一爲亡師照益施錢四兩助刻此經

信初施錢五兩助刊此經

抱信爲父朴愛尙施錢十兩助刻此經爲母朴氏

施錢十兩助刻此經近學爲父黃必江施錢五兩助刊

此經爲母諸氏施錢五兩助刻此經等淳爲父施錢二十

兩助刻此經□還爲亡師再軒施錢五兩助刻此經

爲亡父崔斗永兩主施錢十一兩助刻此經
□奎爲亡師世訓亡父吉細連亡母李氏施錢二十兩助刊
此經禪淨施錢十兩助刻此經明螢施錢十兩助刻此
經坦贇施錢伍兩助刻此經巨封爲亡母李氏施錢十兩

**大方廣佛華嚴經疏鈔 卷 78, 入法界品**

證境四事訖起定初中先牒問勸證

施主秩

德閑 道裕 景璘 思日 大一 默成爲
父母 贊寬 幸坦 德宗 仁寬 守白
性坦 明湛 夏演 起行 英淑 眞性 順希活悟

諸山大禪師秩

松岩脫遠 靈谷永愚 淸波慧苑 休庵喜靜
臥雲信慧 默庵㝡訥 櫟庵貽成 道峰有聞
西岳道泰 秋波弘宥 影月可成 幻虛軌樞
百花八淨 蓮潭有一 南岳暎旿 長水寺
秋潭琯澄 影波聖奎 充虛旨冊 僧統國訓
華峰照源 聾庵特聰 永月勝還 住持有行
文谷永誨 惠庵玧藏 蒙庵昧暎 灵鷲寺
海峰有機 懶庵勝濟 翠峰振哲 住持包安
靑峰巨岸 退庵泰寬 靑岩學宗

**大方廣佛華嚴經疏鈔 卷 79, 入法界品**

各寺施主秩　尙州各寺　銀海寺
赤裳山城　南海各寺　豊基各寺　表忠祠
圓通寺　泗川各寺　醴泉各寺　星州各寺
淸凉寺　固城各寺　聞慶各寺　開寧各寺
實相寺　咸安各寺　咸昌各寺　善山各寺
灵覺寺　鎭海各寺　柒谷各寺　永川各寺
龍溪寺　柒原各寺　大丘各寺　義興各寺
海印寺　昌原各寺　慶山各寺　居昌各寺
雙溪寺　金海各寺　慈仁各寺　□□各寺

長水寺　熊川各寺　靑道各寺
灵鷲寺　東萊各寺　密陽各寺
鳳谷寺　梁山各寺　玄風各寺
直指寺　蔚山各寺　昌寧各寺
咸陽各寺　慶州各寺　靈山各寺
山淸各寺　靑河各寺　宜寧各寺
丹城各寺　新寧各寺　三嘉各寺
晋州各寺　河陽各寺　草溪各寺
昆陽各寺　安東各寺　陜川各寺
河東各寺　義城各寺　高寧各寺

**사진**　국립도서관

# 93. 佛像功德因果說

**연대** 正祖 1년(1777)

**소재** 고려대

**서지사항** 普還(朝鮮)

木板本. 1冊 : 四周雙邊 半郭 20.0㎝×14.5㎝, 有界, 10行字數不定, 無魚尾 ; 22.8㎝×17.5㎝

**간기** 乾隆四十二年丁酉正月日伴□□□

全羅道求禮縣華嚴寺留板

時住持守彦

刻手通政普還

化主比丘玉凋

# 94. 中峯和尚 普勸念佛 捷徑圖

**연대** 正祖 5년(1781)

**소재** 화엄사

**서지사항** 中峯(元) 撰

木板. 四周單邊, 全郭 63㎝×39.5㎝

**간기** 乾隆四十

六年辛丑

七月日刊

板于灵源

庵

護師體字

供養編暉

刻□氿□

果往殿□

戒□伏爲上

世先亡父母

法界究□

帝絅□□

列名靈駕

同願往生

上品上生文

大願

(뒷면)

大□□□

□□比丘

書寫

□守比丘

畵員

滿輝比丘

刊刻

汝幸比丘

乾隆四十

六年辛丑

七月日刊

板于寶源

萬日會中

留鎭

사진 朴相國,『全國寺刹所藏木板集』, 文化財管理局, 1987, 253쪽.

# 95. 梵綱經盧舍那佛說心地法門品菩薩戒本

연대　正祖 21년(1797)

소재　국립도서관, 동국대, 장서각

서지사항　鳩摩羅什(姚秦)等譯. 慧因(宋)等註.

木版. 不分卷 2冊. 四周單邊, 半郭 20.8㎝×16.4㎝, 有界, 半葉 11行 20字, 註雙行. 內向黑魚尾. 34.4㎝×22.3㎝

판심제　梵綱經

합철　受菩薩戒法, 四分律七聚大目抄

발　康熙戊辰 道安謹跋(1688)

간기　嘉慶二年丁巳六月日慶尙右道咸陽碧松庵開刊移鎭于安義靈覺寺

사진　국립도서관, 동국대

# 96. 四分律七聚大目抄

연대 正祖 21년(1797)

소재 국립도서관, 동국대, 장서각

서지사항 弗多耶舍(後秦) 譯, 弘贇(明) 繹.

木板本. 49張 : 四周單邊 半郭 21.0cm×16.5cm, 11行20字, 內向黑魚尾(間混2葉花紋魚尾) ; 32.4cm×21.3cm

판심제 四分目抄

합철 受菩薩戒法, 梵網經菩薩戒本

간기 大妃殿下壽萬歲

主上殿下壽萬歲

王妃殿下壽齊年

元子邸下壽千秋

國界安寧兵革消天下太平法輪轉願此開刊功德

普及一切諸衆生同生無量光佛刹俱成正覺還度生

大施主秩　　華峯堂印悟　嘉善偉札　　華杏

禪德比丘文益　幼學金遇海兩主 嘉善比丘就奎

日峰堂　遇旻　　碧波堂念賢　翫岩堂綵絹　再云

彰念比丘　庚申生朴氏　山中大禪師　　刻　秩

比丘心贇　比丘尼廣演　蒙庵昳熲　　韓邦喆

比丘信訓　戊辰生趙氏　鏡巖應允　　金與興

比丘有沾　比丘暑澄　九渊璿鎰　成天乙
秋演　取學　慧月沃印　吳国良
信雲　金利福　中庵四咸　李聖泰
德封　吳益起　平山慶圓　僧而倬
明湜　金震一　中峰泰如　奉有
普心　比丘性宇　懶庵警愚　就棋
化主慧月沃印 別座幸澄 供養主 佑仁　法察
鍊板大輝(이하 가로순)
藏暎　取澄　宝札　頓有　金聖淂　金龍淂
裵尙淂　僧取洽　策守　華瑞　頓瑀　頓信
日祐　祐侠　普先　時演　和俊　仅朋　興淂　白州
嘉慶二年丁巳六月日慶尙右道咸陽碧松庵開刋移鎭于安義靈覺寺

**사진**　국립도서관, 동국대

# 97. 受菩薩戒法

연대 正祖 21년(1797)

소재 국립도서관, 동국대, 장서각

서지사항 延壽 等集. 鳩摩羅什(姚秦) 等譯. 慧因(宋)等註.

木板本. 49張 : 四周單邊 半郭 21.0㎝×16.5㎝, 11行20字, 內向黑魚尾(間混2葉花紋魚尾) ; 32.4㎝×21.3㎝

판심제 受戒文

합철 梵網經菩薩戒本, 四分律七聚大目抄

서 梵網經菩薩戒序 大德二年 前監察御使郭天錫(1298)

受菩薩戒法文 并序 延壽 集序

注梵網經并序 紹聖三年歲次丙子 寶應寺沙門 慧因 註(1096)

梵網經後序 嘉慶二年丁巳六月日 海東後學蒙庵昧頴和南(1797)

간기 願以此功德普及於一切我等與衆生皆共成佛道

大妃殿下壽萬歲
主上殿下壽萬歲　　國界安寧兵革消
王妃殿下壽齊年　　天下太平法輪轉
元子邸下壽千秋

梵網經後序 嘉慶二年丁巳六月日海東後學蒙庵昧頴和南

사진 국립도서관, 동국대

# 98. 地藏菩薩本願經

연대　正祖 21년(1797)

소재　국립도서관, 동국대, 장서각, 고려대, 성암문고, 전남대

서지사항　法燈(唐)譯

木板本. 上下卷 1册. 圖. 四周單邊, 半郭 17.2㎝×12㎝, 10行 字數不定 上下二葉花紋魚尾 27.2㎝×18.6㎝

판심제　地

서　歲嘉慶二年朝月海東後學蒙庵昳頴和南(卷 上 ; 1797)

간기　**地藏菩薩本願經 卷 中**

大妃殿下壽萬歲
主上殿下壽萬歲
王妃殿下壽齊年
元子邸下壽千秋

**地藏菩薩本願經 卷 下**

| | |
|---|---|
| 大妃殿下壽萬歲 | 國界安寧兵革消天下太平法輪轉 |
| 主上三殿下壽萬歲 | 願此開刊經功德普及一切諸衆生 |
| 王妃殿下壽齊年 | 同生無量光佛刹俱成正覺還度生 |

元子邸下壽千秋

大施主秩　鍊板大輝 刻 秩 比丘取澄 頓瑀

頓信

幼學金遇海兩主 華杏 韓邦喆 宝札 日佑

禪德比丘 文益 彰念 金興奧 頓宥 佑俠

比丘而倬 金聖得 時演

嘉善比丘 就奎 心賛 奉有 僧就洽 華俊

再芸 偉札 信訓 就棋 金用得 儀朋

藏暎 裵尙得 興得

翫巖堂 綵絹 助緣秩 李聖太 僧策守 白卅

華瑞

碧波堂 念賢 鏡巖應允

中菴四咸 化主慧月沃印

日峰堂 遇旻 平山慶圓 別座幸澄 華杏

供養主 法察 活恩

華峰堂 印悟 懶庵警愚

嘉慶二年丁巳六月日慶尙道咸陽碧松庵刊板移鎭于安義縣靈覺寺

**사진** 국립도서관

**참고** 南權熙,「地藏菩薩本願經의 版本 硏究」『古印刷文化』第13輯 2006, 淸州古印刷博物館.

# 99. 鏡巖集

**연대** 純祖 4년(1804)

**소재** 벽송사

**서지사항** 應允 저

木板本. 3卷1册 : 四周雙邊, 半郭 20.3㎝×14.7㎝, 有界, 半葉 10行20字. 內向2葉花紋魚尾 ; 28.5㎝×19.0㎝

**판심제** 鏡巖集

**서** 鏡巖集序 甲子暮春嘉善大夫原任司諫院行大司諫泗水睦萬中書

鏡巖稿序 前知金陵郡白室 柳肅之書

**발** 通訓大夫吏曹佐郎兼實錄記注官 完山李在璣跋

**간기** 師已以正月上旬 示寂於方丈山之碧松菴 涅槃而行 謀竪塔矣 相對

垂涕已 又拜請影贊及文集…

甲子暮春嘉善大夫原任司諫院行大司諫泗水 睦萬中書

**참고** 朴相國,『全國寺刹所藏木板集』, 文化財管理局, 1987, 318쪽.

# 100. 遺跡圖

연대 純祖 12년(1812)

소재 국립도서관

서지사항 편저자 미상

木板 34㎝×74㎝

간기 嘉慶十七年壬申慶尙右道

咸陽郡智異山安國菴開刊

仍益表□

主上三殿下聖壽万歲

□□比丘以刻 □□上世□

亡父母師長一切受□□□

以此□□□□□上□□□□

(뒷면은 念珠經)

사진 국립도서관 마이크로필름

朴相國,『全國寺刹所藏木板集』, 文化財管理局, 1987, 212쪽.

# 101. 成佛大隨求陀羅尼

**연대** 純祖 27년(1827)

**소재** 쌍계사

**서지사항** 木板. 四周單邊, 全郭 29.5㎝×39.5㎝, 無界, 24行 23字

**간기** 道光七年丁寅(亥?)年刊

**참고** 朴相國,『全國寺刹所藏木板集』, 文化財管理局, 1987, 339쪽.

# 102. 大方廣佛華嚴經普賢行願品疏

연대 哲宗 7년(1856)

소재 한양대, 동국대

서지사항 澄觀(唐) 撰述, 葉祺胤(明) 校正

木板本. 3卷1冊 : 四周雙邊, 半郭 20.4㎝×14.0㎝, 有界, 10行20字, 下黑口, 上內向黑魚尾 ; 29.3㎝×19.2㎝

판심제 華嚴別行疏

서 華嚴合本三刊後序 崇禎紀元二百二十九年丙辰菊月 日 釋院 比丘 善影 謹書

新刊華嚴疏鈔後跋 康熙庚午仲夏相庵之後 明眼謹跋(1690)

간기 華嚴合本三刊後序

崇禎紀元二百二十九年丙辰菊月 日 釋院 比丘 善影 謹書

慶尙道晉州智異山大源庵刻成

# 103. 大方廣佛華嚴經疏演義鈔

연대 哲宗 7년(1856)

소재 한양대, 동국대

서지사항 澄觀(唐) 撰述, 葉祺胤(明) 校正

木板本. 1卷1册 : 四周雙邊, 半郭 20.4㎝×14.0㎝, 有界, 10行20字, 下黑口, 上內向黑魚尾 ; 29.3㎝×19.2㎝

판심제 華嚴玄談

서 華嚴合本三刊後序 崇禎紀元二百二十九年丙辰菊月 日 釋院 比丘 善影 謹書

新刊華嚴疏鈔後跋 康熙庚午仲夏栢庵之後 明眼謹跋(1690)

간기 華嚴合本三刊後序

崇禎紀元二百二十九年丙辰菊月 日 釋院 比丘 善影 謹書

慶尙道晉州智異山大源庵刻成

(卷 79 大方廣佛華嚴經普賢行願品疏 간기에 의함)

**大方廣佛華嚴經疏演義鈔 卷 1**

湘月比丘一如伏

父金海金振 兩位 兄金壽哲

母慶州金氏 兩位 妹金 氏

九峯比丘啓壯伏爲施錢貳拾兩

亡父金海金賢成母廣州李氏 亡信女崔氏精進行
亡祖父德化祖母一善金氏 乾李敬集坤金氏
亡叔默成叔母安東權氏

**大方廣佛華嚴經疏演義鈔 卷 2**

坤崔氏伏爲
亡媤親兩家父母
信女玉蓮花伏爲
亡父文祥鳳母朴氏
坤玄氏伏爲
亡父玄氏母趙氏家夫金氏

信女大寶花伏爲
亡父申氏母安氏
亡媤父鄭氏媤母申氏
信女寶蓮花伏爲
亡父韓氏母金氏

信女大慈行伏爲
亡父信士大德
亡母信女大慈花
信女大仁花伏爲
亡父信士修德
亡母信女修樂花
比丘快敏伏爲
亡父趙春逢母文氏
坤崔氏伏爲
亡父崔氏母李氏

比丘順安伏爲
亡父李萬葉母韓氏
坤玄氏伏爲
亡父玄氏母趙氏
趙羲崙伏爲父母
信女功德林伏爲父母
坤吳氏伏爲
亡父吳千淂母尹氏
坤金氏伏爲
亡父金氏母姜氏

**大方廣佛華嚴經疏演義鈔 卷 4**

坤朴氏伏爲家夫吳慶善
奉母金氏媤父吳明哲
坤申氏伏爲
亡父申氏母柳氏
同生申大石

乾朴成哲坤任氏伏爲
亡父朴春淂母申氏宋氏
坤金氏爲父母
坤金氏爲父母

坤石氏伏爲
亡父石氏母朴氏
亡媤父韓氏媤母具氏
亡家夫韓氏
坤林氏伏爲家夫李氏
乾沈鉄白坤金氏伏爲
亡父金大重母李氏
坤崔氏伏爲家夫林氏
亡父崔氏亡母朴氏
信女張氏菩提花爲父母

坤崔氏伏爲
奉母崔氏
亡父崔命哲家夫元环三
坤朴氏伏爲家夫崔慶國
奉母崔氏亡父朴百淂
乾林鶴鳳坤崔氏伏爲
奉母趙氏亡父林順吉
坤林氏家夫金氏
坤林氏亡父道元母申氏

**大方廣佛華嚴經疏演義鈔 卷 5**

乾權氏伏爲
亡乾安東權氏亡坤延安金氏兩位亡坤韓氏

信女南氏鍊鏡華伏爲亡乾宜寧南氏亡坤密陽朴氏

| | |
|---|---|
| 比丘正悟伏爲亡恩師泰閏 | 信女張氏善心花爲父母 |
| 比丘振明伏爲父金允玉母郭氏 | 尼定浩伏爲 |
| 坤金氏伏爲 | 父朴氏母李氏 |
| 亡乾李氏亡乾金氏亡坤徐氏 | 尼讚明伏爲 |
| 坤崔氏伏爲父崔氏萬載 | 父申氏母崔氏 |
| 坤鄭氏伏爲父祺燁母金氏 | 坤張氏伏爲 |
| 乾林永洙坤崔氏 | 父蔚津張氏母徐氏 |
| 信女楊氏華嚴花家夫吳氏 | 坤羅氏伏爲 |
| 父楊氏母羅氏媤父吳氏母李氏 | 父羅輝大母禹氏 |
| 信女南氏大戀花爲父母 | 坤朴氏伏爲父母 |

**大方廣佛華嚴經疏演義鈔 卷 6**

| | |
|---|---|
| 比丘正訓父曺廣祿母吳氏 | 尼喜信爲父母 |
| 乾白道應白道敬坤白氏 | 尼普億伏爲 |
| 比丘善祐記付父金貴淡 | 父金氏母朴氏 |
| 比丘道荷爲父母 | |
| 乾韓且植坤田氏兩位 | 坤申氏伏爲家夫鄭氏 |
| 子廣寧宥寧 | 坤崔氏家池定錫 |
| 乾李元弘坤安氏伏爲 | 坤方氏家夫都致遠 |
| 媤父李氏母崔氏父安氏母鄭氏 | |
| 乾李命浩伏爲 | |

父李氏母車氏兩位
乾金氏坤李氏
坤金氏伏爲乾金翼建母金氏
信女白蓮花父申永植母李氏
信女金氏大法華家夫朴氏父金氏母李氏

**大方廣佛華嚴經疏演義鈔 卷 8**

信女李氏大覺花伏爲父母
乾張氏坤林氏
乾金致英坤趙氏
乾朴俊秀坤金氏
坤梁氏伏爲亡父弘澤母劉氏家夫崔光哲
坤金氏亡父敬汝母蔡氏

尼普喜伏爲父母
信女金氏金剛月爲父母
坤洪氏伏爲家夫朴完宅
坤洪氏家父羅淂文
羅東軾亡妻韓氏
金昌國坤羅氏
坤金氏家夫洪出俊
金梁哲坤羅氏

李春吉坤金氏
崔完達坤洪氏
坤洪氏家夫金弼龍
嚴奧默坤羅氏
金哲 伏爲
亡父己卯生金伯金
奉母己卯生朴　氏
坤命甲子生金氏爲父母

坤羅氏伏爲父母

亡媤父朴氏母洪氏

坤命辛丑生金氏爲父母

# 104. 大方廣佛華嚴經疏鈔

연대 哲宗 7년(1856)

소재 한양대, 동국대

서지사항 澄觀(唐) 撰述, 葉祺胤(明) 校正

木板本. 全 80卷70册 : 四周雙邊, 半郭 21.2cm×14.1cm, 有界, 半葉 10行20字, 註雙行, 下小黑口, 上內向黑魚尾 ; 28.5cm×18.5cm

판심제 華嚴疏鈔

서 新刻華嚴疏鈔後跋 康熙庚午仲夏栢庵之後 明眼謹跋(1690)

華嚴合本三刊後序 崇禎紀元二百二十九年丙辰菊月 日 釋院 比丘 善影 謹書

간기 華嚴合本三刊後序

崇禎紀元二百二十九年丙辰菊月 日 釋院 比丘 善影 謹書

慶尙道晉州智異山大源庵刻成

(卷 79 大方廣佛華嚴經普賢行願品疏 末尾 기록에 의함)

**大方廣佛華嚴經疏鈔 卷 1의 1, 世主妙嚴品**

坤命丙辰生羅氏伏爲

亡父羅氏亡母趙氏兩主

亡家夫李氏

坤命金氏
亡家夫景再明

**大方廣佛華嚴經疏鈔 卷 1의 2, 世主妙嚴品**

信女庚申生嚴氏寶蓮華伏爲
父信士嚴氏無盡藏母信女太氏甘露華
兄信士普覺月弟信女普覺華
童子李作亂 童子李壽命

**大方廣佛華嚴經疏鈔 卷 1의 3, 世主妙嚴品**

信女梁氏眞常心伏爲
亡父南原梁氏亡母南陽洪氏兩位灵駕
信女石氏法海月伏爲
亡父堤川石氏亡母原州元氏兩位灵駕

信女金氏聖德華伏爲
父金海金氏母全州李氏兩位灵駕
影峯堂慶植伏爲
亡恩師厚心
亡翁師德謙

比丘尼軆學伏爲
亡恩師　亡翁師
父漉川金氏
母李氏大盤若兩位灵駕
信女盧氏慧月華伏爲

父李海哲
母崔氏兩位灵駕
亡兄李大根義根
亡叔師永守 亡信女金氏湛然
信女文氏念西華

父盧福乭母宋氏
信女劉氏毘光花伏爲
父信士淨土花母信女慧照花
信女奇氏碧潭花伏爲
亡父奇氏亡母金氏

**大方廣佛華嚴經疏鈔 卷 1의 4, 世主妙嚴品**

信女甲子生李氏華藏月記付
亡乾命丙申生趙氏
亡坤明丙申生宋氏 兩位
亡乾命辛酉生趙氏
亡坤命辛酉生李氏 兩位
乾命甲戌生李氏
坤命壬午生崔氏
坤命辛丑生徐氏

亡乾命戊辰生李氏
信女辛酉生金氏實相華
大施主錢千兩
勝緣功德往生極樂

**大方廣佛華嚴經疏鈔 卷 2의 1, 世主妙嚴品**

信女崔氏信願行伏爲
亡父崔伯孫
亡母金海金氏

信女劉氏清淨行伏爲
媤父河季守
媤母趙氏蓮池行

亡弟崔修玉
亡坤命李氏
坤命丁未生河氏伏爲
亡家夫曺利孫
信女妙蓮華劉氏伏爲
亡父劉致兼
亡母潘南朴氏赤蓮花

家夫河萬達
子河金祥兩住
淸信女金氏寶蓮行
信女河氏大智行

**大方廣佛華嚴經疏鈔 卷 4, 世主妙嚴品**

比丘尼度琤伏爲
亡祖父全州李氏
兩位
亡祖母達城徐氏
亡外祖父金海金氏
兩位
亡外祖母慶州金氏
施主錢文百兩

比丘尼幻允伏爲
亡父光山金氏
兩位
亡母　　鄭氏
亡恩師　忠悟

**大方廣佛華嚴經疏鈔 卷 5의 1, 世主妙嚴品**

信女己未生俞氏玅淨記附 施錢百兩
亡父戊子生俞夢石
兩位
亡母戊子生坡平尹氏

亡乾俞膺福 兩位
亡坤完山李氏

亡坤杞溪俞氏甲子生

亡坤　俞氏丁卯生

亡乾俞喚中亡坤黃氏兩位

亡乾俞元伊

**大方廣佛華嚴經疏鈔 卷 6의 1, 如來現相品**

| | |
|---|---|
| 尙宮金氏宮殿花金定鉉金寬鉉等 | 伏爲 |
| 亡父金在孝亡母完山李氏 | 錢三百兩米二石 |
| 亡兄金宗鉉金寵鉉 | 金性順 |
| 亡妹乙巳生靑山金氏 | 金性昌 |
| 亡乾金性仁亡坤甲申生靑山金氏 | 金性允 |
| 信女李氏發心花　伏爲 | 金性祚 |
| 亡乾完山李氏亡坤淸州金氏 | |
| 亡乾李仁昌 | |

**大方廣佛華嚴經疏鈔 卷 9, 華藏世界品**

坤命甲申生方氏伏爲　　施錢參百兩

亡父溫陽方聖行 兩位
奉母庚申生金氏

亡信女尙宮方氏大照華

乾命丙子生方得圓 兩位
坤命癸酉生秦氏
乾命癸酉生方盤龍

**大方廣佛華嚴經疏鈔 卷 12의 1 如來名號品**

銀坡法訓伏爲
亡父張今義母金氏
亡尙宮申氏 乾命高元祥
亡尙宮李氏 坤命庚申生韓氏
亡坤乙未生李氏

**大方廣佛華嚴經疏鈔 卷 12의 2 四聖諦品**

化主比丘禮峰學潤伏爲
恩師比丘華月孝喆
法師比丘華潭敬和
老法師比丘華嶽智濯
父韓氏靑蓮母池氏優曇華
尙宮徐氏眞如華 信女己卯生朴氏宝蓮花

**大方廣佛華嚴經疏鈔 卷 13의 1, 光明覺品**

坤命丙子生梁氏伏爲

亡父戊戌生濟州梁氏

亡母壬子生密陽朴氏

**大方廣佛華嚴經疏鈔 卷 13의 2, 光明覺品**

乾命丁巳生金氏　以此功德

坤命丙子生梁氏　願生貴子

**大方廣佛華嚴經疏鈔 卷 13의 3, 菩薩問明品**

淸信女甲寅生韓氏懷慈華記付 錢二十兩

亡父淸州韓氏亡母乙卯生慶州崔氏兩位

淸信女甲寅生韓氏大願果

亡媤父乙卯慶州李氏亡媤母乙酉生達城徐氏

亡家夫壬子生慶州李氏

亡子壬午生慶州李氏亡子婦乙卯生丹陽張氏兩位

信女金氏一覺花伏爲　信女張氏心中花伏爲

亡父金俊亡母李氏覺分花　亡父張大柱

亡祖父慶州金氏　亡家夫李世文

| | |
|---|---|
| 亡祖母安東金氏 | 坤命戊寅生李氏伏爲 |
| 亡兄金奉吉 | 亡家夫姜渭成 |
| 坤命丙寅生姜氏 | 乾命朴永植 |
| | 坤命辛巳生李氏 |
| | 童女朴聖喜 |

**大方廣佛華嚴經疏鈔 卷 13의 4, 菩薩問明品**

| | |
|---|---|
| 信女金氏萬行果伏爲 | 坤命癸未生韓氏伏爲 |
| 父全國資母慶州崔 | 父甲午生韓氏母甲寅生李氏 |
| 媤父李氏媤母安東權氏 | 乾命庚申生李氏 |
| 家夫李光祿 | 童子李壽萬 |

**大方廣佛華嚴經疏鈔 卷 14의 1, 淨行品**

大施主比丘友松榮寬伏爲錢一百二十兩

法師仁裕

恩師和靜

父金男悟

母　黃氏

弟子宥鑑

**大方廣佛華嚴經疏鈔 卷 14의 2, 賢首品**

尙宮信女金氏實相華伏爲　　錢伍拾兩
父金海金氏母東萊鄭氏
祖父金氏祖母淸州韓氏
叔父金氏叔母完山李氏　　坤甲申生方氏伏爲
坤命慶州金氏　　父庚子生方氏錢二十兩

**大方廣佛華嚴經疏鈔 卷 15, 賢首品**

信女壬寅生蓮池花記付施錢百兩
媤父鄭濟慶母趙氏　　安宝赫劉氏金蓮行
親父金振輝母金氏　　父安景得
家夫鄭玄文灵駕　　母潘氏
尼萬吳伏爲施錢五十兩　　親父劉七ㄷ母朴氏
父李正久母黃氏恩師尼厚德　　信女安氏方廣行
尼永秋爲父趙道偉母朴氏　　子宗根妻高氏
尼碩通伏爲母尹氏灵駕　　施錢三十五兩

**大方廣佛華嚴經疏鈔 卷 16의 1, 昇須彌山頂品**

乾命戊寅生金氏　　乾命己丑生徐氏

坤命丁酉生南氏
乾命癸亥生南氏
坤命丁丑生 氏
乾命甲申生金氏
坤命壬午生李氏
乾命庚寅生金氏
坤命己丑生權氏
坤命丁巳生徐氏單身

坤命丁亥生金氏
坤命癸酉生李氏伏爲
亡家夫溫陽鄭氏
乾命庚寅生金氏
坤命己丑生徐氏
坤命戊辰生李氏伏爲
亡父辛卯生李氏
亡母庚戌生尹氏

坤命戊午生金氏記付
亡女息乙酉生金氏
信女丙辰生金氏彌勤華伏爲
亡父金海金氏
亡母 李氏 兩位
亡媤父昌寧曺氏
亡媤母南陽洪氏
亡家夫昌寧曺氏
坤命戊辰生朴氏伏爲
亡家夫昌寧曺氏

信女壬戌生鄭氏
亡父慶州鄭良仲
亡母金海金 氏
亡家夫青松沈氏
坤命辛酉生金氏

**大方廣佛華嚴經疏鈔 卷 16의 2, 須彌頂上偈讚品**

領議政丁巳生金相公 左根 兩位
貞敬夫人乙卯生尹氏
戶曹判書戊寅生金公 炳冀 兩位
夫人甲午生鄭氏
貞敬夫人乙卯生尹氏伏爲
亡父癸未生海平尹氏 兩位靈駕
亡母壬午生安東金氏

**大方廣佛華嚴經疏鈔 卷 16의 3 十住品.**

乾命甲戌生朴文炯伏爲
亡父庚戌生朴氏 兩位
亡母丙午生林氏
亡養父丁酉生朴氏 兩位
亡養母壬辰生權氏
先亡父母眞外祖上

坤命丙辰生金氏伏爲
亡父金明添
母 鄭氏
繼母 金氏
亡娚兄金長弘
家夫戊午生申纘
外孫乙巳生申龍漢
先亡父母眞外祖上
生前壽福死後淨土

**大方廣佛華嚴經疏鈔 卷 16의 4, 十住品**

亡比丘東化竺典
亡信女姜氏大通花
乾命李泰龍

**大方廣佛華嚴經疏鈔 卷 17의 2, 初發心功德品**

印虛性惟伏爲
亡思師永菴進淑
亡法師騎虛坦鶴
亡老法師淨虛光一
亡先師鶴巖太奇
亡戒法師樂貪慶郁
亡禪法師秋潭仁學

亡先師玄虛行修　亡外祖父慶州李仁培
亡先師凌虛太民　密陽朴氏兩位
亡父信士密陽朴氏了空
亡母信女慶州李氏慈善
亡母信女全州李氏喜雲
亡祖父密陽朴氏兩位
先亡父母眞外祖高祖妣遠近親戚

**大方廣佛華嚴經疏鈔 卷卷 17의 3, 初發心功德品**

比丘性惟伏爲
亡翁師英坡琁珹
亡曾祖父密陽朴氏兩位
亡叔父朴宗默兩位

同生朴善喆兩位
朴碩喆兩位
朴壽喆兩位

亡曾祖父密陽朴氏兩位

亡叔父朴宗默兩位

朴碩喆兩位

朴壽喆兩位

養母信女完山李氏碧蓮花

信女金海金氏金蓮花

信女全州崔氏圓覺性

信女晉州鄭氏定惠月

信女平山申氏白蓮花

信女全州李氏淸淨觀

信女丙午生金氏妙蓮花伏爲

亡父金振聲兩位

坤命完山李氏坤丁巳完山李氏

信女癸亥生李氏大雄花　爲

父母兩位家夫等

**大方廣佛華嚴經疏鈔 卷 18, 明法品**

亡坤命壬午生完山李氏靈駕施錢一百兩

信女甲辰生金氏大慈行伏爲

亡父慶州金鼎禹
亡母晉州姜氏妙眞花 兩位

亡祖父金氏
亡祖母李氏尹氏 兩位

亡外祖父晉州姜氏
亡外祖母金海金氏 兩位

同生金重器

金德器

**大方廣佛華嚴經疏鈔 卷 19의 2, 夜摩宮中偈讚品**

信女金氏大印花伏爲　乾命趙禹錫記付　比丘慧皓伏爲

| | | | | |
|---|---|---|---|---|
| 亡父金海金宗哲 | | 亡父趙重吉 | | 亡父信士李氏淨行 |
| | 兩位 | | 兩位 | |
| 亡母鞠氏菩提花 | | 亡母善山白氏 | | 亡母信女朴氏圓寂 |
| 亡兄金海金　氏 | | 亡祖父趙相珏 | | 亡母海州吳氏三位 |
| | | | 兩位 | |
| 亡姪女礪山宋氏 | | 亡祖母安山李氏 | | |
| 亡媤父趙賢國 | | 信女金氏淨心伏爲 | | |
| | 兩位 | | | |
| 亡媤母晉州姜氏 | | 亡父信士金氏東月 | | |
| | | | 兩位 | |
| 亡家夫趙喜演 | | 亡母信女孫氏杲日花 | | |
| 亡子趙志敬 | | 亡家夫信士大德金氏 | | |

**大方廣佛華嚴經疏鈔 卷 19의 3, 夜摩宮中偈讚品**

| | | | |
|---|---|---|---|
| 比丘松巖大遠記付 | 比丘虎峯應奎記付 | | 華月圓一記付 |
| 亡父信士道心 | 亡父全州李晩亨 | | 亡父申大寬 |
| | | 兩位 | |
| 亡母信女法雲 | 亡母慶州崔　氏 | | 亡母　李氏 |
| 亡恩師樂貧慶郁 | 亡恩師龍巖慧彦 | | 亡恩師敎旻 |
| 亡法師翠巖淨華 | | | 亡兄申允奧 |

**大方廣佛華嚴經疏鈔 卷 19의 4, 十行品**

| | | | |
|---|---|---|---|
| 比丘月霞幸元記付 | | 比丘性海三善記付 | 比丘南湖永奇 |
| 亡父河陰田氏 | | 亡父晉州鄭彦奎 | 比丘雲句漢敏 |
| | 兩位 | | |
| 亡母金海金氏 | | 亡母南平潘氏三位 | 比丘敏悅伏爲 |

亡養母辛丑金氏

比丘呂玉記付

亡父金振聲
兩位
亡母晋州姜氏

亡恩師龜潭大奎

亡母水原白氏

恩師洛庵正訓

比丘霽月寶性記付

亡父密陽朴仁淂
兩位
亡母密陽孫　氏

恩師善學

亡父水原白春玉
兩位
亡母金海金氏

比丘龍雲勝坦爲

亡父李奧石

亡母　朴氏

**大方廣佛華嚴經疏鈔 卷 20, 十行品**

比丘守察伏爲

亡父金海金氏
兩位
亡母忠州池氏

亡乾姜仁大

信女申氏性法華伏爲

亡父申光弼
兩位
亡母昌原黃氏

亡家夫郭昌祿

亡弟平山申氏

亡乾金聖乭

比丘天性伏爲

亡恩師比丘定官

亡翁師比丘三柔

亡法師比丘永哲

亡父海州吳氏

亡母宜寧南氏

亡尙宮韓氏自在華

大方廣佛華嚴經疏鈔 卷 21의 2, 十無盡藏品

清信女己未生姜氏法性花伏爲　　亡乾命姜三哲
亡父辛酉生晋州姜氏亡母海州姜氏　亡家夫己未生玄氏
亡乾命晋州姜氏亡坤命金海金氏　　亡媤父己酉生寶寧玄氏
亡媤母江陵劉氏亡媤母昌寧趙氏
乾命乙丑生金氏坤命信女金氏大慧月兩住
乾命丙子生安氏坤命信女盧氏清淨慧兩住
尼宥屹伏爲亡父濟州高氏亡母密陽朴氏　信女林氏功德林爲父母

清信女呂氏大黃花伏爲　　亡伯父呂氏亡伯母戊寅生完山李氏
亡父庚寅生咸陽呂氏　　清信女己酉生金氏桂奇花伏爲
亡母辛卯生南陽洪氏　　亡父甲戌生金海金氏亡母廣州李氏
清信女丁氏衆德花伏爲　　亡父壬寅生丁氏亡母丁未生崔氏
清信女金氏淨丕花伏爲
亡父金海金氏亡母朴氏兩住
亡媤母金氏淨定花
亡家夫宋氏子宋贍伊
清信女趙氏信法花　　清信女朴氏法慧月爲父母
亡父趙應奎亡母丁巳生南氏 亡父朴士洰亡母慶州金氏

**大方廣佛華嚴經疏鈔 卷 22의 1, 升兜率天宮品**

乾磏山宋氏 兩位
信女全州李氏成伏花

亡父全州李氏 兩位
亡母慶州金氏

坤丙子生高氏記付
亡家夫光山金氏

亡父開成高氏 兩位
亡母慶州柳氏

信女金氏光明花記付
亡父信士金氏淨土花

亡母信女柳氏極樂花 兩位
亡媤父海州吳氏
亡媤母慶州金氏

**大方廣佛華嚴經疏鈔 卷 22의 2, 升兜率天宮品,**

淸信女丙寅生崔氏信願行伏爲
祖父嘉善大夫崔貴永祖母昌原俞氏
乾命南陽洪業童坤命守城崔氏

乾命壬寅生李氏坤甲子生金氏
崔完哲坤辛卯生文氏子崔鳳俊
父甲寅生崔氏母壬子生文氏

**大方廣佛華嚴經疏鈔 卷 23의 1, 兜率宮中偈贊品**

乾命己巳生李氏　　乾命丙子生安氏
信女趙氏大悲月　　信女盧氏淸淨慧
乾命乙丑生金氏　　坤命辛丑生李氏
信女金氏大慧月

**大方廣佛華嚴經疏鈔 卷 24, 十廻向品**

比丘尼度淨伏爲　　比丘尼永閑伏爲
亡父信士李氏德林　　亡父信士全氏太如
亡母信女金氏萬德華　　亡母信女金氏靑蓮花
比丘尼德澄伏爲
恩師比丘尼義密
亡父坡平尹氏　亡母密陽孫氏

**大方廣佛華嚴經疏鈔 卷 25의 2, 十廻向品**

乾命乙亥生趙氏
伏爲先亡父母祖上
淸信女李氏大雄花伏爲
淸信女金氏普明心　　亡父丁酉生完山李氏

亡父信士慶州金氏大慧　亡母辛丑生坡州廉氏
亡母信女金海金氏大悲月　坤命癸亥生李氏伏爲
亡乾命金昌祿亡坤命己酉生文氏　亡父李氏亡母兩位

**大方廣佛華嚴經疏鈔 卷 27의 1, 十迴向品**

乾命甲申生姜氏伏爲　坤命戊子生金伏爲
亡父丙辰生晋州姜氏　亡父母兩位
亡母乙卯生萬鏡盧氏　坤命己未生宋氏爲父母
乾命乙丑生洪氏坤命甲午生李氏　坤命癸亥生金氏爲父母
淸信女戊辰生朴氏好德花伏爲　坤命丁巳生李氏爲父母
亡坤命辛亥生安氏亡坤命戊申生申氏 信女宋氏慧明

**大方廣佛華嚴經疏鈔 卷 27의 2, 十迴向品**

乾命梁殷柱伏爲　聖峰堂性願伏爲
亡父梁瓥厦亡母金氏無染花　亡父李重謙
乾命梁永煥坤命扈氏　亡母潘南朴氏
亡兄梁圭煥亡妹梁氏

**大方廣佛華嚴經疏鈔 卷 28, 十迴向品**

清信女壬戌生金氏道德心

父金重昌母密陽朴氏　　信女癸亥生朴氏大覺月

坤仁同張氏　　父密陽朴氏母李氏

**大方廣佛華嚴經疏鈔 卷 29, 十迴向品**

比丘尼永慧伏爲　　亡信女朴氏日藏

亡恩師比丘尼敬弘　　比丘尼善奉爲父母

比丘尼妙久伏爲　　信女丁巳生金氏希有花

亡父信士金氏德藏　　亡家夫信士車氏寶樹花

亡母信女趙氏寶蓮花

**大方廣佛華嚴經疏鈔 卷 30, 十迴向品**

信女申氏清淨　　比丘尼頓和

父高灵申七得　　父宜寧南氏

母仁同金氏　　母濟州高氏

家夫朴宗大　　上佐有信伏爲父母

**大方廣佛華嚴經疏鈔 卷 31, 十迴向品**

信女壬戌生孫氏功德日代位
亡乾命孫成大坤命丁亥生金氏
信女李氏法性花
乾命李相國坤李氏莊嚴花
尼漢洽父全州李氏母密陽朴氏
恩師幻鑒老師有情　尼亘律父朴各心·母洪氏玅蓮花
尼勝閑父江陵柳氏母金海金氏

乾庚戌生劉學基
坤辛亥生高　氏
乾丙戌生劉煥述
坤甲申生趙　氏
乾甲申生高景胤
坤辛巳生林　氏
子戊寅生劉完
施錢三十兩

**大方廣佛華嚴經疏鈔 卷 32, 十迴向品**

信女李氏玅覺花伏爲
父信士李氏淨信母信女韓氏普明

信女李氏福德雲伏爲
父信士極樂願母朴氏玅曇花

祖父李宣乭祖母密陽朴氏
外祖韓点山外祖母七原尹氏
叔父李光淂弟信士妙覺

信女李氏大願行伏爲
父李昌松母安氏萬德月
信女李氏正覺日
信女申氏太慈心伏爲
父申壽咸母淸州韓氏
坤平山申氏坤申氏坤申氏
信女申氏信行月

信女盧氏功德月伏爲
父信士盧氏慈牲母安氏莊嚴花
信女盧氏功德行

信士優曇花
信女金氏道場花伏爲
父李古宮母海州吳氏
母密陽趙氏母林氏
子快慶坤池氏
子快吉坤梁氏
孫壯孫次孫元仲

**大方廣佛華嚴經疏鈔 卷 33, 十廻向品**

尙宮壬戌生車氏伏爲
父延安車氏母慶州鄭氏
乾延安車氏坤靑松沈氏
坤癸亥生金海金氏
乾戊戌生車氏車益文

金敬漢坤癸未生尹氏伏爲
父金麗潭母金海金氏母光山金氏
祖金奧大祖母晉州金氏祖母廣州李氏

子金龍成鳳成獜成
坤甲子生崔氏伏爲
父戊子生全州崔氏母全州李氏
乾壬戌生朴氏伏爲
父寧海朴氏母金海金氏

**大方廣佛華嚴經疏鈔 卷 34의 1, 十地品**

信女李氏玉蓮花記付 施錢參拾兩
亡父李辦老味母金氏兩位亡乾李孫伊坤禹氏李貴徹

**大方廣佛華嚴經疏鈔 卷 34의 3, 十地品**

信女崔氏銀錢華記付 施錢參拾兩
亡父慶州崔氏亡母金海金氏兩位尙宮信女徐氏眞如花
坤命己酉生朴氏記付亡家夫戊申生徐氏
坤命丙午生李氏記付亡家夫丙午生徐氏
坤命壬午生李氏記付施錢參拾兩
亡父全州李氏母慶州李氏兩位 李順宗坤李氏兩位

**大方廣佛華嚴經疏鈔 卷 34의 4, 十地品**

信女丁卯生李氏顥曇花記付 施錢伍拾兩
亡父李世信 奉母信女金氏毫光花 亡坤命完山李氏
信女金氏顥光花記付
亡父金徹根亡母懷德宋氏 亡乾金明良亡坤昌寧曺氏
亡乾命李世賢亡坤命李氏亡乾命李世觀亡坤命孫氏兩位
亡乾命金明欽亡乾命金明孫

信女鄭氏好蓮華記付施錢伍拾兩 乾鄭千祿兩位
亡父鄭好相奉母白氏 亡乾白聖必亡坤金氏兩位 亡乾白福吉
信女劉氏最勝華記付 施錢參拾兩
亡父劉君實母信女鄭氏慧月華兩位亡坤劉氏
信女梁氏智炬華記付施錢參拾兩
亡父梁伊得亡母金氏兩位 亡乾梁者斤吉
信女洪氏兩足花記付 施錢貳拾兩
亡父洪壽卓母金氏兩位 亡洪得珠 洪点得 黃龍成
信女吳氏普敬花記付 施錢參拾兩
亡父吳彭石母趙氏兩位 亡乾吳魯澄 吳應悅 趙永伊

**大方廣佛華嚴經疏鈔 卷 34의 5, 十地品**

信女金氏大喜心記付 施錢參拾兩

亡父金徹得亡母昌寧曺氏兩位亡祖父金氏亡祖母兩位
亡叔父金徹乭叔母崔氏亡坤金氏
信女崔氏妙聖花實相月兄弟記付施錢參拾兩
亡父崔順德亡母高氏朴氏三位

**大方廣佛華嚴經疏鈔 卷 34의 6, 十地品**

信女姜氏善心花　　庸庵典愚伏爲
坤金氏伏爲父母　　亡父吳鎭性母全州李氏
乾壬辰生李氏　　亡祖父昌漢祖母羅州羅氏
坤壬辰生朴氏　　亡叔父鎭邦叔母曺氏叔父鎭宅
坤林氏伏爲　　信女朴氏般若月伏爲
亡父豊川林氏母劉氏 亡父朴氏母安氏
坤李氏伏爲　　比丘海心伏爲父趙泳母尹氏
亡父李氏母高氏　　信女金氏金枝花
坤李氏伏爲亡媤父方昌大亡父李氏子婦林氏

**大方廣佛華嚴經疏鈔 卷 35의 1, 十地品**

信女車氏妙寶花記付 施錢參拾三兩　　乾吳順石 兩位
亡父車於眞亡母李氏兩位亡同生車乭伊　坤命金氏
亡姨母李氏亡信女李氏功德花亡坤車氏車大寬

信女尹氏佛心花記付
亡父坡平尹氏母崔氏兩位亡兄尹氏亡家夫海州張氏

信女金氏獅子花記付施錢伍拾兩
亡父金億亮亡母李氏兩位亡姑母金氏亡叔金億萬
亡同生金光孫金光福 亡乾徐興孫坤金氏兩位亡乾徐所面
亡外祖父李時興外祖母柳氏兩位
信女尙宮田氏栴檀花記付 施錢伍拾兩
亡父田興得亡母坡平趙氏兩位亡姑母信女田氏解 慧花
亡叔父田險岳亡叔母林氏兩位亡養祖父金千宅祖母張氏兩位
乾李完曄信女鄭氏栴檀花兩住記付施錢貳拾兩亡女李氏淨行
亡媤父李氏媤母吳氏兩位亡親父鄭氏亡母金氏坤李氏記付亡夫卓必大

**大方廣佛華嚴經疏鈔 卷 36의 2, 十地品**

童子戊申生玄洪岩回伏爲
亡父戊子生玄著國靈駕
奉母乙酉生洪氏保體

**大方廣佛華嚴經疏鈔 卷 37-1 十地品(26-)**

信女朴氏靈瑞花記付施錢壹百兩

亡父朴士壹亡母崔氏兩位亡家夫李益培亡同生朴昌淳
亡祖父朴氏祖母文氏兩位　坤命戊辰生金氏伏爲施錢百兩
亡父癸卯生金三得亡母丙午生吳氏兩位

**大方廣佛華嚴經疏鈔 卷 37의 2, 十地品**

信女金氏希有花記付 施錢壹百拾兩
亡父信士金氏安樂 亡母信女李氏孝德花金氏德蓮花三位
亡媤父信士姜氏善法行亡媤母信女李氏妙覺花兩位
亡家夫信士姜氏鏡月亡坤李氏最勝花兩位亡坤淸道金氏
比丘道謙 信女姜氏桂元花信女姜氏輪光花
姜龍錫 姜道元 李貴福 韓聖福 金同伊
乾盧東基坤孫氏兩位乾蘆道利
信女金氏大慈花記付施錢拾貳兩平壤化主坤命趙氏
亡父金正三亡母金氏兩位亡家夫李齊亨亡子李德占
信女金氏性等花記付亡父金氏亡母金氏兩位錢陸兩

**大方廣佛華嚴經疏鈔 卷 38의 1, 十地品**

信女禹氏淨穎花伏爲施錢三拾兩
亡父丹陽禹氏 兩位 亡母坡平尹氏淨土花
亡乾金聖龜 亡乾金興寬
亡同生禹順伊

**大方廣佛華嚴經疏鈔 卷 38의 2, 十地品**

乾命癸卯生權氏坤命壬戌生南氏兩住 施錢壹拾兩

信女尙宮劉氏悲光花記付施錢參拾參兩

亡父信士劉氏淨土花亡母姜氏世主花兩位 坤劉氏信女法雲花

尙宮南氏道光花記付施錢參拾參 乾南聖甲 乾南七甲

亡父南明業亡母金海金氏兩位 亡乾南再甲亡坤義城金氏

**大方廣佛華嚴經疏鈔 卷 38의 3, 十地品**

信女金氏淨心伏爲 施錢五拾兩

亡父金海金氏亡母密陽孫氏兩位亡子金龍伊

亡媤父慶州金氏亡媤母金海金氏兩位亡家夫金世澤

乾命徐奎翰坤李氏兩位 乾金敬稷坤徐氏兩位

信士徐氏覺海信女金氏大珠花兩位

信女全氏大道花全氏無上花兄弟記付 施錢參拾兩

信女全慶春亡母白川柳氏兩位亡同生全氏 亡乾命金氏

乾金宅基 金善郁 金一求

坤命壬辰生金氏記付亡父金在淸 施錢貳拾兩

**大方廣佛華嚴經疏鈔 卷 38의 4, 十地品**

乾乙未生崔氏信女金氏華藏蓮 施錢參拾兩
信女鄭氏妙善花記付 施錢參拾兩
亡父鄭善祥母吳氏兩位

**大方廣佛華嚴經疏鈔 卷 39, 十地品**

信女朴氏大願華記付施錢參拾兩
父朴仁孫亡母崔氏兩位
信女金氏日光花記付 施錢貳拾兩
亡父信士金氏月華幢母安氏母李氏桂華幢三位
亡媤父白明厚媤母權氏金氏三位亡家夫白虎龍
亡祖父金厚種祖母申氏兩位 子白光文坤韓氏記付錢二十兩
父韓允默母李氏兩位亡祖父韓氏祖母李氏兩位亡媤母韓氏
信女金氏月光花記付施錢貳拾兩亡家夫趙晋国子趙順卓
亡父金福來母李氏兩位亡媤父趙永俊媤母徐氏亡子婦丁氏

**大方廣佛華嚴經疏鈔 卷 40, 十定品**

信女柳氏竗蓮花記付 施錢二十兩 家夫金振哲子應圭奉圭
亡媤金朝弘母金氏兩位 尼大用記付施錢二十兩

亡父江陵俞氏母金氏乾白川趙氏孫定典

信女金氏寶蓮行記付 施錢參拾兩

| | | |
|---|---|---|
| 亡媤父田安宅<br>亡媤母張氏 | 兩位 | 信女河氏大智行記付錢二十兩<br>亡家夫金啓清 |
| 家夫田致俊 | | 子金相禹 |
| 子田豊奧 | | 坤宋　氏 |
| 孫田昌宲 | | 次子金相業 |
| 媤叔田啓璧 | | 亡女金　氏 |
| 媤叔母安氏 | | 信女金氏大信行記付 |
| 親叔金振富 | | 亡家夫金啓述 |
| 金振達 | | 亡子金釗乭 |

**大方廣佛華嚴經疏鈔 卷 41, 十定品**

| | | |
|---|---|---|
| 乾命乙丑生金氏<br>坤兩丁丑生任氏 | 兩位記付 | 施錢參拾兩 |
| 乾戊子生金氏<br>坤丙戌生金氏 | 兩位 | 信女金氏大願花記付<br>亡父慶州金氏 |
| 乾丁巳生金氏<br>坤癸未生李氏 | 兩位 | 亡母晋州姜氏<br>亡乾慶州金氏 |
| 乾癸未生李氏<br>坤乙酉生印氏 | 兩位 | |

信女張氏圓覺花記付施錢參拾兩

亡父喬洞長景胤
兩位
亡母信女崔氏曇花香

亡養父南原尹氏
兩位
亡養母昌寧曺氏

亡祖父張氏
兩位
亡祖母潘南朴氏

亡外祖父丹陽崔氏
兩位
亡外祖母安陰林氏

**大方廣佛華嚴經疏鈔 卷 43, 十定品**

櫟山善影記付 施錢參拾兩

亡恩師龍雲勝行
亡翁師奇峯快誠
亡法師仁峯德俊
亡法師華嶽知濯
亡父安東朴淂元
亡母信女趙氏慧雲
亡弟林穆
亡信女朴氏天義

亡信女金氏法蓮花
信女張氏慧明
釋王寺寺中錢捌兩
內院庵房中錢柒兩
龍貢寺寺中錢捌兩
龍奧庵房中錢陸兩
歸州寺寺中錢拾兩

**大方廣佛華嚴經疏鈔 卷 44의 2, 十道品**

比丘尼勝雄記付 施錢三十兩

亡父李炳正母林氏兩位

亡祖父李氏祖母韓氏兩位

上佐尼永祿慈輝用錫

**大方廣佛華嚴經疏鈔 卷 44의 3, 十忍品**

比丘尼性和伏爲 施錢三十兩

亡恩師尼道觀

亡父信士法弘<br>亡母李氏 兩位

亡祖父金壽朴<br>亡祖李氏 兩位

比丘奉佑記付 施錢三十兩

亡恩師雲鶴

父信士金氏幼覺<br>母信女田氏上品花 兩位

乾辛酉生金氏<br>坤戊午生吳氏 兩位

亡乾海州吳氏<br>亡坤慶州李氏三位<br>亡坤廣州李氏

乾己丑生金氏<br>坤丁亥生吳氏 兩位

乾丁酉生金氏<br>坤丙申生馬氏 兩位

亡乾慶州金氏<br>亡坤安東權氏 兩位

亡乾丙申生馬氏<br>亡坤甲午生裵氏 兩位

亡坤密陽朴氏

| | | |
|---|---|---|
| 乾壬辰生金氏 | 兩位 | 亡乾庚申生馬氏 |
| 坤甲午生太氏 | | 亡坤順興安氏 |

施錢六十六兩

**大方廣佛華嚴經疏鈔 卷 45의 1, 阿僧祇品**

乾辛未生趙性和坤丙子生許氏坤丁亥生朴氏三位
亡父趙昌奎母金海金氏兩位
奉母崔氏妙蓮花記付
亡父宗鉉母善山金氏兩位
坤乙未生趙氏淑惠記付
亡母金氏尹慶燮
施錢二十兩

**大方廣佛華嚴經疏鈔 卷 45의 2, 如來壽量品**

乾丙寅生朴昌燁坤甲子生趙氏兩位記付 施錢二十兩
亡父朴性根母趙氏兩位
亡親父趙春範母秋氏兩位
乾辛巳生趙氏坤乙酉生李氏兩位施錢二十兩

**大方廣佛華嚴經疏鈔 卷 46, 佛不思議法品**

比丘錦鉉伏爲 施二十四兩

亡恩師淩虛壯鶴

亡翁師　　仁亨

亡父母　　兩位

**大方廣佛華嚴經疏鈔 卷 47, 佛不思議法品**

坤丁亥生朴氏記付　　施錢二十兩

亡母癸亥生達南徐氏

乾命癸酉生兪氏 兩位 施錢百兩

坤命甲戌生趙氏

比丘景誼伏爲

父金光守母奉化鄭氏兩位

恩師比丘呂訓

比丘慶遇伏爲

父金春岳母江陵金氏兩位

### 大方廣佛華嚴經疏鈔 卷 48의 1, 如來十身相海品

信女李氏普明花記付

父李者斤哲母信女方氏覺圓淨兩位張朴伊坤方氏兩位

李明吉坤金氏兩位金性寬坤李氏兩位

乾全州李氏坤丁氏兩位

坤淸州韓氏坤慶州崔氏

李光根坤朴氏兩位

　施錢二十兩

乾丙戌生金氏坤乙酉生尹氏兩位記付施錢二十兩

亡乾金氏亡坤李氏兩位

### 大方廣佛華嚴經疏鈔 卷 48의 2, 如來隨好光明功德品

乾命己巳生梁順喆　　施錢二十兩

坤命戊寅生朱氏兩位

### 大方廣佛華嚴經疏鈔 卷 49, 普賢行品

坤辛未生金氏記付施錢百兩

亡乾辛酉生趙氏

父辛丑生金　氏

坤丁酉生李　氏

信女乙卯生鄭氏普敬花記付家夫李時球　施錢百兩
媤父李賢臣媤母草溪鄭氏兩位媤祖父李柔祖母崔氏兩位
親父鄭雷母清州韓氏兩位祖父鄭彦謨祖母成氏兩位
外祖父漢韓石明祖母權氏兩位子李果石
李義柄坤鄭氏兩位坤清州韓氏
乾密陽朴氏坤金海金氏兩位癸未生許氏
乾戊午生鄭氏坤乙卯生李氏兩位
鄭載東乾己巳生鄭氏

**大方廣佛華嚴經疏鈔 卷 50, 如來出現品**

乾命同樞孫興允
乾命僉樞朴麟源
乾命李運英近英遇英等伏爲施錢百兩
亡父李元春
兩位
奉母清州韓氏

**大方廣佛華嚴經疏鈔 卷 51의 1, 如來出現品**

乾壬午生安萬福伏爲施錢三十兩

父順興安氏 兩位
母金海金氏

**大方廣佛華嚴經疏鈔 卷 51의 2, 如來出現品37**

信女金氏無染行記付　施錢百兩

乾金滿圓金明圓坤李氏

乾金海金氏坤林氏坤朴氏三位

乾金德寬坤馬氏坤尹氏三位

乾金景元坤崔氏兩位

乾金鎭元坤金氏兩位

坤乙酉生徐氏

坤辛未生張氏

信女甲寅生吳氏大法慧記付　施錢二十兩

亡乾海州吳氏坤昌城趙氏兩位

亡乾甲辰生李氏李光善李釗弗利李裕善

乾辛巳生李氏坤柳氏兩位坤乙酉生林氏童子李壽萬

乾丁丑生金氏坤李氏兩位

**大方廣佛華嚴經疏鈔 卷 52의 1, 如來出現品**

信女趙氏明心花伏爲 施錢參拾兩
亡父白川趙氏母金氏兩位
信女金氏天眞花伏爲施錢參拾兩
亡乾慶州金成喆坤李氏兩位
信女朴氏大悲月伏爲施錢參拾兩
亡乾朴成根坤金氏朴氏三位金斗滿蔡巨朴金奎焱
信女金氏玅德花伏爲施錢參拾兩
亡父信士金氏覺性母信女姜氏兩位祖母信女金氏正覺花
坤庚辰金氏坤甲子金氏坤戌寅金氏

**大方廣佛華嚴經疏鈔 卷 53, 離世間品**

坤命丁卯生朴氏伏爲施錢伍拾兩
亡乾密陽朴春還
兩位
亡坤安東權氏
亡乾朴壽應朴壽仁朴壽良
乾朴奎碩坤金氏兩位
乾朴允錫坤金氏兩位

信女李氏淨明心記付施錢二十兩
亡家夫太斗星

亡父全州李氏母白川趙氏

亡祖父全州李氏祖母韓氏

亡媤父太氏媤母金氏

亡乾太永順坤李氏

李禧敏伏爲施錢百兩

奉父李氏

亡母安氏

長子李文澤

**大方廣佛華嚴經疏鈔 卷 55, 離世間品**

比丘極日伏爲施錢百兩

亡恩師比丘見有

亡父朴鳳學亡母全州李氏兩位

信女白氏白蓮花伏爲施錢伍拾兩

亡父白致一亡母宋氏兩位

乾庚子生金氏

尼玅銀伏爲

亡父南陽洪氏
兩位
亡母坡平尹氏

亡恩師義密亡娚南陽洪氏坤鄭氏兩位

尼永河伏爲

亡父淸州韓氏亡母全州李氏兩位
尼尙悟伏爲
亡父南陽洪氏亡母完山李氏兩位
施錢參拾兩

**大方廣佛華嚴經疏鈔 卷 58의 2, 離世間品**

比丘愚學伏爲施錢二十兩
亡恩師雪松体還翁師智演
亡父金龍彬亡母蔡氏兩位
亡祖父金重三祖母達城李氏兩位
亡外祖父蔡德岩外祖母漢陽趙氏兩位

鳳停寺收合文參兩　　明珠寺收合文陸兩
廣興寺收合文參兩　　報德寺收合文十二兩
佛影寺收合文伍兩
大興寺收合文參兩伍錢
靈隱寺收合文伍兩
神興寺收合文參兩
三和寺收合文肆兩
月精寺收合文十八兩
黑岳寺收合文肆兩

**大方廣佛華嚴經疏鈔 卷 59, 離世間品**

坤己卯生金氏 施錢二十兩　　信女金氏錦蘭花伏爲

坤丁亥生文氏伏爲施錢二十兩　亡父金宗元

亡家夫李億童　　亡母權氏 兩位

童女李俊姬　　亡兄金喜喆漢喆

坤高氏大願覺伏爲施錢二十兩

亡父高朔不伊

亡母李氏 兩位

亡家夫金萬淂

**大方廣佛華嚴經疏鈔 卷 60의 1, 入法界品**

比丘太岸伏爲

先亡父母眞外祖考祖妣

比丘大俊伏爲

亡父金喆秀母海州吳氏兩位

比丘周一伏爲

先亡父母眞外祖考祖上　以上施錢伍拾貳兩

華隱護敬伏爲　　比丘三悟爲

先恩師靈雲就花　　先父母

先法師石坡宇澄　　比丘煥基伏爲

顯考 崔宗伯　　亡父金尙旭

顯妣 金 氏　　亡母金 氏

**大方廣佛華嚴經疏鈔 卷 61, 入法界品**

乾庚午生金氏<br>坤丁卯生金氏　兩位　施錢五拾兩

乾乙巳生金氏<br>坤甲辰生洪氏　兩位

亡乾乙巳生金海金氏<br>亡坤甲辰生完山李氏　兩位

乾癸卯生李快孫<br>坤丁未生韓氏　兩位　施錢貳拾兩

亡父全州李氏

比丘有哲伏爲錢二十兩

亡隱師萬羽

亡父李東俊<br>亡母朴 氏　兩位

**大方廣佛華嚴經疏鈔 卷 62, 入法界品**

坤辛未生申氏伏爲施錢貳拾兩

亡父己酉生申氏<br>亡母壬子生柳氏　兩位

亡媤父辛丑生井邑張氏

比丘能沾伏爲施錢二十四兩伍錢

比丘戒弘

亡父吳張元<br>亡母朴氏　兩位

亡媤母甲辰生朴氏兩位　　　吳萬興 兩位
亡家夫戊辰生張氏亡子張雲弘　　　吳氏

**大方廣佛華嚴經疏鈔 卷 64, 入法界品**

通度寺寺中文伍拾兩　圓通堂中文參兩
翠雲庵堂中　文拾兩　明月堂中文陸兩
極樂堂中　文拾伍兩　金堂堂中文參兩
毘盧堂中　文肆兩　梵魚寺寺中文參拾兩
白雲堂中　文參兩　安心堂文參兩
白蓮堂中　文伍兩　解行堂文伍兩
普光堂中　文肆兩　大聖堂中文肆兩
甘露堂中　文參兩　靑蓮堂中文參兩

西林寺寺中文捌兩　安國庵堂中文拾兩
玉泉寺寺中文貳十兩　靈源庵堂中文拾一兩
龍門寺寺中文拾參兩　修道庵堂中文伍兩
華芳寺寺中文拾兩　桐華寺寺中文陸兩
多率寺寺中文肆兩　淳屠庵堂中文伍兩
大源庵房中文拾貳兩　念佛庵堂中文參兩
深寂庵房中文肆兩　內院庵堂中文肆兩
法華庵房中文拾兩
碧松庵房中文拾兩

**大方廣佛華嚴經疏鈔 卷 66, 入法界品**

銀海寺寺中錢拾參兩　大乘社中文參兩

寄寄庵文參兩　閏筆庵堂中文參兩

百興庵堂中文柒兩　龍門寺寺中文參兩

雲浮庵堂中文肆兩

白蓮庵堂中文肆兩

表忠院中錢文拾兩

石南寺寺中文參拾柒兩

金龍寺寺中文陸兩

養眞庵堂中文參兩

大成庵堂中文伍兩

**大方廣佛華嚴經疏鈔 卷 67, 入法界品**

嘉善李枉洽伏爲先亡父母眞外祖上

判官李基元伏爲父母　資憲崔虎大兩位伏爲先亡父母祖上

李在泓伏爲先亡父母祖上　坤孫氏夫金海裵氏

信女金氏玅蓮花伏爲

亡父金振城

亡坤完山李氏

亡坤完山李氏

乾嚴氏坤宋氏兩位

隱峯信瓊伏爲父洪氏母金氏錢十二兩

蓮月漑燦伏爲父信士金氏華藏蓮母朴氏妙蓮花錢十二兩

月河大天伏爲父金氏母金氏

南溟海紋伏爲父金光秀母朴氏

影隱善三伏爲父洪漢燮母劉氏恩師鏡湖妙悅

蓮坡尙愚伏爲父金完孫母林氏

箕月肯滆伏爲父楊氏母柳氏

聳嶽普衛伏爲恩師鶴雲正原

**大方廣佛華嚴經疏鈔 卷 69, 入法界品**

雪月比丘圓旻施錢柒拾兩

幸幸生生念佛三昧永不退轉多生父母法界含灵速離三

界到於彼岸之願

興根

領府事丙辰生金氏 施錢伍十兩

兩位

坤命甲戌生金氏

**大方廣佛華嚴經疏鈔 卷 71, 入法界品**

汶根

永恩府院君辛酉生金氏 施錢參拾兩

兩位

府夫人丁卯生沈 氏

乾命戊戌生金氏 坤金氏伏爲

坤命丁酉生閔氏　　亡家夫朴春英

比丘普潤伏爲施錢參拾兩

亡父姜碧石

奉母昌原黃氏

比丘法心伏爲

亡父李瑞淂母金氏

**大方廣佛華嚴經疏鈔 卷 73, 入法界品**

泰安寺寺中錢陸兩　　乾李獜默坤吳氏伏爲

麻谷寺寺中文拾兩　　亡父李東賢母李氏

信女金氏淨月花父宗曄母金氏　　建元永紹坤宋氏伏爲

信女金氏淨心花父金氏母張氏　　亡父比丘正覺

乾金致亦信女金氏淨敬花　　亡母信女華淨

信女朴氏正善花伏爲父母夫申守哲

信女金氏大覺心家夫韓氏

乾邕守淂坤金氏

坤金氏伏爲

亡母咸氏子李氏坤崔氏

**大方廣佛華嚴經疏鈔 卷 74, 入法界品**

坤黃氏記付乾金奇永　　乾尹良淵坤鄭氏
坤尹氏記付家夫李玄玉　　坤鄭氏記付家夫朴氏
兩位
坤乙卯生 氏記付夫宋寬永　　比丘道敬伏爲
坤柳氏記付家夫尹氏子永祖　　亡信女孫氏普元花
坤李氏記付家夫尹氏　　亡坤密陽朴氏
坤柳氏記付家坡平尹氏

**大方廣佛華嚴經疏鈔 卷 75, 入法界品**

金興俊父正義母梁氏　　文明信坤張氏女息文氏
乾韓用權坤朴氏　　李奧甲父慶哲母金氏
坤林氏家夫宋完淂　　乾文氏坤洪氏
乾林氏坤李氏父母
乾文氏坤金氏
坤甲辰生李氏

乾崔義定伏爲　　比丘莊添伏爲
亡父慶州崔長吉　　亡父慶州金宗賢
兩位
亡母海州崔 氏　　亡母馬 氏
亡母平山申 氏　　比丘鳳玟伏爲父淂化母廉氏
坤金氏伏爲　　坤庚戌生尹氏

亡父金海金完實　乾戊寅生李氏<br>亡祖父金有滒　坤乙酉生宋氏 兩位

亡祖母慶州金氏　尙宮李氏伏爲施錢十二兩

乾安東金氏兩位　亡父李氏<br>亡母鄭氏 兩位

**大方廣佛華嚴經疏鈔 卷 76, 入法界品**

車寬龍坤崔氏兩位　乾韓氏坤李氏

坤文氏伏爲　坤金氏伏爲

父文弼宗母李氏兩位　亡乾金氏坤趙氏

坤孫氏伏爲　乾張氏伏爲父張氏乾張氏

亡父密陽孫氏母姜氏　坤冥氏伏爲父冥氏母李氏

坤車氏伏爲父車氏母孟氏　信女崔氏道活眞伏爲

乾李氏坤趙氏　信女朴氏淨法花車氏淨法心

坤李氏伏爲

乾李氏坤金氏

乾金氏坤李氏

**大方廣佛華嚴經疏鈔 卷 77, 入法界品**

比丘定守伏爲恩師龍波性悟

| | |
|---|---|
| 比丘有聽伏爲 | 蘆月景益伏爲父母 |
| 亡父崔江遜 三位 | 錦城德弘伏爲 |
| 亡母金氏鄭氏 | 亡父安就謙 |
| 比丘勝寬伏爲 | 亡母朴氏 |
| 亡父池昌雲 兩位 | 比丘學律伏爲 |
| 亡母卞　氏 | 亡父李老味母崔氏 |
| 恩師比丘就彦 | 韓宗玉伏爲亡父三伊 |
| 春潭法咸伏爲 | |
| 亡父吳辰光母柳氏恩師應庵 | 訓 |

**大方廣佛華嚴經疏鈔 卷 78, 入法界品**

| | |
|---|---|
| 比丘仁專伏爲 | 坤文氏父宗瑞母金氏 |
| 亡父金宗周 兩位 | 金光錫父潤澤母李氏 |
| 亡母姜　氏 | 信女善行花伏爲 |
| 金致奉伏爲 | 亡父孫時兼母李氏 |
| 亡父金定云母朴氏 | 坤朴氏伏爲父母 |
| 坤金氏伏爲父金弘道 | 尼性惟伏爲 |
| 坤任氏伏爲父母 | 亡父洪氏母金氏 |
| 坤朴氏伏爲父母 | 尼聖善父李氏母許氏 |

渾虛日圓伏爲　　姊全州李氏
亡父信士李氏神月　林競洙坤南氏
兩位
亡母信女閔氏神月花　林僖相坤李氏
尼戌喜爲戌師晴月堂　表重起坤柳氏
尼永慧伏爲施錢參拾兩　坤崔氏記付
亡父信士寶覺　亡父慶州崔氏母鄭氏
兩位
亡母信女寶月　信女盧氏寶幢月伏爲
尼處談伏爲亡乾朱龍成　亡父盧氏母崔氏
坤黃氏伏爲父母　信女法性花伏爲父母
亡家夫劉大孫

# 105. 大方廣佛華嚴經疏鈔 80, 靈澄二本對校

연대 哲宗 7년(1856)

소재 한양대, 동국대

서지사항 澄觀(唐) 撰述, 葉祺胤(明) 校正

木板本. 全 80卷70册 : 四周雙邊, 半郭 21.2㎝×14.1㎝, 有界, 半葉 10行20字, 註雙行, 下小黑口, 上內向黑魚尾 ; 28.5㎝×18.5㎝

판심제 華嚴疏鈔釐合凡例, 華嚴經疏鈔音釋

합철 華嚴疏鈔釐合凡例, 華嚴經疏鈔音釋

서 新刻華嚴疏鈔後跋 康熙庚午仲夏栢庵之後 明眼謹跋(1690)

華嚴合本三刊後序 崇禎紀元二百二十九年丙辰菊月 日 釋院 比丘 善影 謹書

간기 華嚴合本三刊後序

崇禎紀元二百二十九年丙辰菊月 日 釋院 比丘 善影 謹書

慶尙道晉州智異山大源庵刻成

(卷 79 大方廣佛華嚴經普賢行願品疏 末尾 기록에 의함)

信女□□生宋氏上品華伏爲

坤命甲申生崔氏記付

坤命丙子生梁氏伏爲

亡乾命裵聖孫伏爲 坤命癸酉生金氏伏爲

亡父裵世得 亡父金氏亡母鄭氏

亡母李氏兩位靈駕
坤命乙丑生金氏伏爲

亡父金氏亡母李氏
坤命禹氏伏爲
亡父禹最明
亡母白氏兩位灵駕
李秉昇李秉淳
比丘奉律伏爲父母
比丘尼義尙伏爲
亡父成氏兩位
亡母李氏灵駕

媤父吳氏媤母姜氏
信女白蓮花全氏父母

坤命丙辰生韓氏伏爲
亡父韓應則
亡母金氏兩位灵駕
比丘丈潁伏爲父母
比丘勝察伏爲父母
比丘奉集伏爲父母
李熙春 坤任氏妙中花
亡坤朴氏灵加

# 106. 都序着柄

연대　哲宗 10(1859)

소재　동국대

서지사항　定慧(朝鮮) 著

筆寫本, 不分卷1册(63張) : 無界, 半葉8行16字 註雙行 ; 22.9 ㎝×15.3㎝

합철　禪要私記, 節要着柄

간기　己未夏居雙溪修道庵書終

# 제4편 근대이후

# 107. 茶毗說

연대　光武 3년(1899)

소재　동국대

서지사항　亘璇(朝鮮) 述

筆寫本. 不分卷1冊(79張). 無界, 半葉8行 20字 頭註 註雙行 ; 23.4㎝×16.9㎝

합철　五宗綱要記

간기　大韓光武三秊六月三六日獲麟于方丈山大源寺

# 108. 大乘妙法蓮華經心

연대 光武 7년(1903)

소재 쌍계사, 국립도서관, 동국대

서지사항 木板. 四周單邊, 半郭 19.8㎝×15.2㎝, 有界, 8行 14字

합철 佛頂心觀世音菩薩姥陀羅尼, 법화영험

간기
大韓光武七年癸卯七月日智異山國師
庵開板 奉祝
大韓皇帝陛下聖壽萬歲

(卷末 附記)

大施主鎭南東門內居
池氏白蓮花 伏爲
亡媤父母鄭玟守黃氏兩主灵駕
亡家父 鄭太煥灵駕
亡親父母池金龍林氏兩主灵駕
亡親兄尙浩 永浩 女兄池氏灵駕
丁酉生崔氏普光花 辛亥生崔氏普善花
丙辰生朴氏亡家父廉石鎭灵駕

施主秩 旼一居士未刻(版心)

　大德秩　三綱　　　　性信
霽峯覺淵　總攝海山致善　善宥
何山禮寬　公員　　桂住　性日
蓮月處旭　書記　　在行　仗仁
月照知詢
幻虛香蓮　　緣化秩　　　孝□
永華亘俠　都監影曇奉俊　旼悟
應虛雲仙　別座徹月幸典　法祿
梵海幸淨　供司　　性周　宗元
梵城宗玄　鍊板　申國明　持殿亘浩
惺庵淨順　禾主龍潭敬天　　　未珠
訥庵文全　癸卯秋雙溪寺國師庵開刊

**사진**　국립도서관, 동국대

# 109. 법화영험

연대　光武 7년(1903)

소재　동국대, 국립도서관, 쌍계사

서지사항　木板本. 不分卷1冊(20張) : 四周單邊, 半郭 18.5㎝×15.0㎝, 有界, 半葉 10行 19字, 內向1葉花紋魚尾 ; 28.7㎝×19.0㎝

합철　佛頂心觀世音菩薩姥陁羅尼, 妙法蓮華經心, 大乘妙法蓮華經

간기　大韓光武七年癸卯七月開刊刻手韓東述

사진　국립도서관, 동국대

# 110. 佛說大乘聖無量壽決定光明王如來陀羅尼經

**연대** 光武 7년(1903)

**소재** 동국대, 국립도서관, 쌍계사

**서지사항** 木板本. 不分卷1冊(20張) : 四周單邊, 半郭 18.5㎝×15.0㎝, 有界, 半葉 10行 18字, 內向1葉花紋魚尾 ; 28.7㎝×19.0㎝

**판심제** 光明經

**합철** 佛頂心觀世音菩薩姥陁羅尼. 법화영험. 妙法蓮華經心. 大乘妙法蓮華經

**간기**

皇上陛下聖壽萬歲
皇后陛下聖壽萬歲
太子殿下聖壽萬歲

光武七年癸卯八月哉開刊國師庵藏板

**사진** 국립도서관, 동국대

# 111. 佛說大阿彌陀經

연대　光武 7년(1903)

소재　쌍계사, 동국대, 전남대

서지사항　鳩摩羅什(秦) 譯, 王日休(宋) 校

木板本. 1冊(26張) : 揷畵, 四周雙邊 半郭 20.9㎝×16.2㎝, 有界, 10行 20字, 無魚尾 ; 29.7㎝×20.2㎝

판심제　大阿彌陀經

서　紹興壬午秋國學進士龍舒王日休(1162)

간기　光武七年癸卯閏五月日曹溪山比丘擎雲元奇書

大韓光武七年癸卯七月哉生魄開刊國師庵藏板

참고　朴相國, 『全國寺刹所藏木板集』, 文化財管理局, 1987, 334쪽.

# 112. 曹溪眞覺國師法語

연대　光武 8년(1904)

소재　동국대

서지사항　慧諶(高麗) 著.

筆寫本. 不分卷1册(40張) : 四周單邊 半郭 20.8cm×14.7cm, 無界, 半葉10行 20字 註雙行 ; 25.2cm×17.9cm

판심제　法

발　嘉靖戊子智異山野老跋

간기　大韓光武八年甲辰仲春權與於泉隱寺修道庵以麟獲于靈源庵

# 113. 青梅集

연대 1915년

소재 동국대

서지사항 印悟 著

筆寫本. 2卷1册 : 無界, 頭註, 半葉9行 16字 註雙行 ; 26.3㎝×18.8㎝

서 崇禎辛未臘月後一日月沙老人書(1631)

발 崇禎六年癸酉三月 日地異山靈源弟子雙運謹誌(1633)

간기 世尊應化二千九百四十二年乙卯臘月智異山華嚴寺華山講院

# 제5편 기타

# 114. 觀音靈課·觀音靈籤·天罡詩課

**연대** 미상(조선 후기)

**소재** 장서각, 화엄사

**서지사항** 木板本. 不分卷 1冊. 圖. 四周單邊, 半郭 18.5㎝×13.7㎝, 6行 字數不定 上下黑魚尾 21.6㎝×17.3㎝

**판심제** 觀音靈課, 觀音靈籤, 天罡詩課

**간기** 求禮華嚴寺開刊(天罡詩課 末尾)

**사진** 장서각

朴相國,『全國寺刹所藏木板集』, 文化財管理局, 1987, 262쪽.

# 115. 陀羅尼

| | |
|---|---|
| 연대 | 미상 |
| 소재 | 화엄사 |
| 서지사항 | 木板, 32cm×60.5cm×6cm, 45cm×4.5cm×3cm |
| 참고 | 朴相國,『全國寺刹所藏木板集』, 文化財管理局, 1987, 266쪽. |

# 116. 大佛頂首楞嚴神呪

연대 미상

소재 천은사

서지사항 木板, 21㎝×35㎝×3㎝

참고 朴相國,『全國寺刹所藏木板集』, 文化財管理局, 1987, 260쪽.

# 117. 西天佛說大藏經目錄

연대 미상

소재 천은사

서지사항 木板, 25㎝×50.5㎝×1.5㎝

참고 朴相國,『全國寺刹所藏木板集』, 文化財管理局, 1987, 260쪽.

# 118. 碧巖碑銘并序〈陰刻板〉

**연대** 미상

**소재** 화엄사

**서지사항** 木板, 33.5㎝×55㎝×4㎝

**참고** 朴相國,『全國寺刹所藏木板集』, 文化財管理局, 1987, 266쪽.

# 119. 腹藏記

연대　미상

소재　쌍계사

서지사항　木板. 四周單邊, 全郭 20㎝×30 ㎝. 無界. 21行 19字.

참고　朴相國,『全國寺刹所藏木板集』, 文化財管理局, 1987, 339쪽.

# 120. 佛頂心觀世音菩薩姥陀羅尼

연대 미상

소재 쌍계사

서지사항 木板. 四周單邊, 半郭 18.5㎝×16.2㎝. 有界. 10行 16字, 內向一葉花紋魚尾

판심제 姥陀羅尼

참고 朴相國,『全國寺刹所藏木板集』, 文化財管理局, 1987, 339쪽.

## 121. 佛頂心觀世音菩薩姥陀羅尼

연대 미상

소재 천은사

서지사항 木板, 2㎝×40㎝×3.5㎝, 21.5㎝×4㎝×2.3㎝

참고 朴相國, 『全國寺刹所藏木板集』, 文化財管理局, 1987, 260쪽.

# 122. 雲水壇謌詞

연대 미상

소재 화엄사

서지사항 木板, 四周單邊, 半郭 19㎝×15.9㎝. 有界 7行14字, 內向二葉花紋魚尾.

판심제 雲水

참고 朴相國,『全國寺刹所藏木板集』, 文化財管理局, 1987, 264쪽.

# 123. 玉樞寶經〈陰刻板〉

연대 미상

소재 화엄사

서지사항 木板, 크기 : 30.3㎝×48㎝×3.2㎝

참고 朴相國, 『全國寺刹所藏木板集』, 文化財管理局, 1987, 266쪽.

# 124. 長〈판심제〉

| | |
|---|---|
| 연대 | 미상 |
| 소재 | 화엄사 |
| 서지사항 | 木板, 四周雙邊, 半郭 19.3㎝×14.5㎝. 有界 8行15字 |
| 판크기 | 20㎝×47.5㎝×3.3㎝ |
| 판심제 | 長 |
| 참고 | 朴相國, 『全國寺刹所藏木板集』, 文化財管理局, 1987, 265쪽. |

# 125. 竈王經

연대 미상

소재 화엄사

서지사항 木板, 四周單邊, 半郭 21.8㎝×19.3㎝. 有界 8行16字, 內向三葉花紋魚尾.

판심제 因王經

참고 朴相國,『全國寺刹所藏木板集』, 文化財管理局, 1987, 267쪽.

# 126. 天地冥陽水陸齋儀疏牓文牒節要

연대 미상

소재 쌍계사

서지사항 木板. 四周單邊, 半郭 27㎝×21㎝. 無界. 9行 20字, 註雙行. 內向二葉花紋魚尾, 323쪽.

판심제 疏牓設

참고 朴相國,『全國寺刹所藏木板集』, 文化財管理局, 1987, 323쪽.

# 127. 初發心自警文

연대 미상

소재 쌍계사

서지사항 元曉 等 述

木板, 四周單邊 半郭 18.5㎝×3.7㎝, 無界, 8行 18字 內向二葉花紋魚尾

판심제 初章自

참고 朴相國,『全國寺刹所藏木板集』, 文化財管理局, 1987, 323쪽.

# 128. 現行經四十一品圖

**연대** 미상

**소재** 화엄사

**서지사항** 元昱(고려) 저

木板, 63㎝×61.5㎝×2.3㎝

**참고** 朴相國,『全國寺刹所藏木板集』, 文化財管理局, 1987, 266쪽.

# 129. 現行法會禮懺儀式

연대 미상

소재 쌍계사

서지사항 木板, 현행경의 앞 부분

石室沙門 明眼 集

참고 朴相國,『全國寺刹所藏木板集』, 文化財管理局, 1987, 336쪽.

# 130. 華嚴玄談 卷 三 施主秩

**연대** 미상

**소재** 천은사

**서지사항** 木板, 四周雙邊, 半郭 20.6cm×13.8cm. 10行 字數不定 上下向二葉花紋魚尾.
25cm63cm

**참고** 朴相國,『全國寺刹所藏木板集』, 文化財管理局, 1987, 260쪽.

지리산권문화연구단 자료총서 07
지리산권 불교자료 1 간기편

초판1쇄 찍은 날 | 2009년 2월 20일
초판1쇄 펴낸 날 | 2009년 2월 24일

지은이 | 곽승훈, 김아네스, 홍영기
펴낸곳 | 국립순천대학교 지리산권문화연구원
주소 | 542-843 전남 구례군 광의면 수월리 908-1
전화 | (061) 780-5040~5
팩스 | (061) 782-1002

만든곳 | 도서출판 심미안
주소 | 503-821 광주광역시 남구 양림동 24-18
전화 | (062) 651-6968
팩스 | (062) 651-9690
메일 | simmian03@hanmail.net
등록 | 2003년 3월 13일 제05-01-0268호

값 20,000원
ISBN 978-89-91329-99-7 93910